湛庐CHEERS

与最聪明的人共同进化

HERE COMES EVERYBODY

智慧妈妈的聊天魔法

粲然 著

中国纺织出版社有限公司

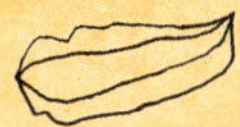

每个妈妈都是孩子的成长魔法师

聊天，是闲谈对话的意思。

中国人喜欢聊天。明末清初有个很著名的文人，叫张岱。他写了一本奇书，该书讲述从三教九流到神仙鬼怪，从政治人事到典章沿革等 125 小类、4000 多条目的文化常识，堪称明朝的百科全书。他给这本书起名为《夜航船》。书名是什么意思？“夜航船”是古代南方水乡苦途长旅的象征。在交通不便、羁旅漫长的时代，人们外出走水路都要坐船，在时日缓慢的航行途中，坐着无聊，便以闲谈消遣。乘客身份各异，谈话的内容也包罗万象。张岱认为“天下学问，惟夜航船中最难对付”。也就是说，无论什么人，会聊天、懂聊天，都是一门技术。

到了当代，还有一个很有名的作家，叫汪曾祺。他也喜欢记录家里人一起生活、闲趣聊天的日子。老来回忆这些日子，他用了8个字形容：家人闲坐，灯火可亲。这8个字打动了无数人。

聊天闲谈看起来漫无边际，大家慢悠悠地谈天气、谈历史、谈见闻、谈八卦，但背后功夫很深。它之所以重要，是因为：首先，它呈现了人的世界观和人生观；其次，它关联着对彼此、对时光的深刻记忆。在我看来，聊天闲谈就是一场场合作对话。没有好好聊天的人生，不仅是无趣、没有温度的，而且是不完整的。

然而，做儿童个体跟踪十年来，不难发现，当下家庭里爸爸妈妈和孩子的聊天时间越来越少，空出来的时间给了刷剧，给了直播购物，以及谈话。

家庭谈话与聊天和深度对话都大不相同。小时候，如果调皮捣蛋的事被发现，老师就说："叫你家长来学校，我要和他谈谈话，再让他和你谈谈话。"谈话，在微妙的中文语境中，有上下级之分，有权威者和被动者之分，有争辩和说服的过程。在家庭教养中，它固然在关键时刻起到"提纲挈领"和"狮子吼"的功效，但一个只有谈话和斥责，没有聊天、没有深度心灵对话的家庭，多年后回忆起来，应该是"家人严肃、壁垒森严"吧。

如果把"谈话"和"聊天/对话"的不同罗列下来，即如下表：

不同点	谈话	聊天 / 对话
前提	某一方掌握了正确答案，并要求行为与结果绝对符合正确答案	某一方知道部分答案，希冀一起找出新的解决方案和思考路径
重点	掌控权	合作成长
方法	找出错误，打击对方	找出共同点和双方的优点，尊重彼此的立场与视角，呼唤彼此的合作力
导向	自己满意且已知的人生	彼此期待且未知的人生

当然，我的意思绝不是“谈话”不好。我们生活的一方面，是积极应对和解决某个难题，迅速教给孩子摆脱困境的方法；但另一方面，成长中很多问题没有即时的答案，即使有即时答案，孩子也可能没有当下的心智去内化这样的答案。聊天乃至深入对话的关键，在于从上天入地、海阔天空的心灵搜寻中，共同开拓出彼此认同的成长方向。

抛开“正确性”和“解决率”，虚位让出“权威感”，并肩聊天。这样的场景，在你回顾童年的记忆里，它存在过几次？在你现在家庭里发生的频率又是怎样？

我孩子的乳名叫“米尼”，名字来源于出生前他爸爸翻译的一本书里一只魔法小猫的名字。从米尼两三岁开始，我们就持续进行着各种“聊天”。这些聊天，多半发生在睡前夜晚，也有些发生在梦醒的清晨；多半发生在我俩无所事事的时候，也有些凝固在他哭过或者我哭过的艰难时光里；有些很幽默和无厘头，也有些非常沉重，即使是成人，也得鼓足勇气才得以坦承；有些旁征博引，莎士比亚、李白都是我们的谈友，还有些日常浅白，只不过是柴米油盐酱醋茶。

本书收录了我和孩子近十年的关键性对话，回头看来，这些对话蕴含着育儿生涯的普遍性疑问。比如：

- 我从哪里来？我有存在的价值吗？（《此生最殊胜的那一天》）
- 孩子能不能调皮捣蛋？（《和孩子说“去做坏事吧”》《捣蛋是孩子一定会做的事》）
- 怎样面对负面情绪？（《一起努力对抗心中的挫败感》《焦灼和春天降临的奇怪方式》《人说话越凶，心里就越希望别人好好对待他》）
- 总有人随意使唤孩子，对孩子恶声恶气，怎么办？（《突破“音言”魔法的唯一方法》）
- 隔代养育的家庭里，孩子讨厌老人、不理解老人怎么办？（《给“讨厌爷爷”的孩子一个魔法》）
- 为什么成人看待问题的角度和孩子不一样？（《成人的因果，孩子的因果》）
- 孩子考试粗心，随意丢分怎么办？（《和米尼讨论考试是什么》《随随便便丢了 4 分》）
- 为什么成人需要工作？（《工作，就是你在生长》）
- 男人需要做家务吗？男性视角和女性视角有什么不同？（《和孩子做一场女人和男人的对谈》《了不起的男家务活宇航员》）

…………

从3～10岁孩子的成长困惑出发，就在日常聊天里，我们横跨了亲密关系、艺术、性别理论、社会学、经济学、教育学等诸多领域，一起看到世界更深处。对我而言，这些对话记录，就是我和孩子这样普普通通的两个人，在琐碎岁月里所铸就的心灵丰碑。

许多爸爸妈妈在这近十年的时光里阅读了我和米尼的对话录，在一对母子的絮语里笑泪满唇，纷纷留言鼓励我们。其中有人说："这样和孩子聊天太好了。我们也想这样做，但这太专业太难了。"

我不这样想。和亲密家人聊天、做深度对话，并不倚靠专业，倚靠的都是共度人生的心愿，是对彼此灵魂的好奇，是给予对方时间，是彼此倾听的耳朵，是人生智慧。

即使孑然一身，也可以和孩子共此航船。水路漫长，絮语绵绵，心灵无远弗届。

也许多年后，会有人问我们的孩子："你的爸爸妈妈当年做了什么，让你变成现在的样子？"

我们的孩子用力回忆，然后微笑起来说："他们好像没做什么。只是有那么一些时候，他们放下手上的事，看着我的眼睛，我们一起认认真真地聊了聊天儿。"

育儿大道，这就足够。

测一测　你是不是经常把天聊死？

1. 每次考试，孩子总有本来会做的题却做错的情况，下面哪些话是你常说的？

A. 随随便便就丢了这么多分，也太不认真了。

B. 我知道你都会，你就是有点粗心大意，下次考试可要认真一点哦。

C. 口算题也能算错，现在把乘法口诀给我背两遍！

D. 这道题上次就错了，为什么这次还错？

2. 孩子每天放学回家都想先打会游戏再写作业，下面哪些话是你常说的？

A. 成天就知道打游戏，你是想气死我和你爸吧！

B. 不写完作业不准打游戏，写完了随便你想怎么玩我都不管。

C. 你看看你表哥，不仅成绩好，钢琴还十级，你怎么不学学他！

D. 只要你不玩游戏，这次考试考到前十名，我们就全家一起出国游！

3. 当孩子被人打了，你第一反应会怎么说？

A. 下次有人再打你，必须给我打回去！

B. 不是跟你说过了么，小心点 XXX，下次不许再跟他玩了。

C. 有人打你你不知道还手吗？你怎么这么胆小。

D. 好了，没事了，那孩子真没家教，我们找别人玩去。

4. 当孩子跟你说“我不喜欢爷爷……”等某个长辈时，你会怎么回应他？

A. 你怎么能这么说爷爷，他平时对你多好呀，太不懂事了你。

B. 真是白疼你了，这么不知好歹。

C. 为什么讨厌呢？是因为他做了什么让你不开心的事吗？

D. 你这么说，爷爷得多伤心啊，你怎么这么不考虑别人的感受。

想知道你是不是话题终结者？
扫码获取答案及解析。

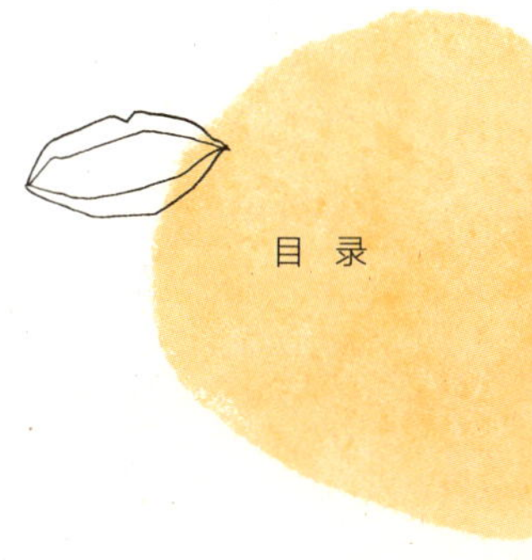

目 录

第二部分 化解成长烦恼的魔法

怎么聊天才能更好地解答孩子成长路上的疑惑

第三部分

与世界对话的魔法
怎么聊天才能培养孩子应对未来的能力

第一部分

走进童心世界的魔法

怎么聊天才能让孩子敞开心扉

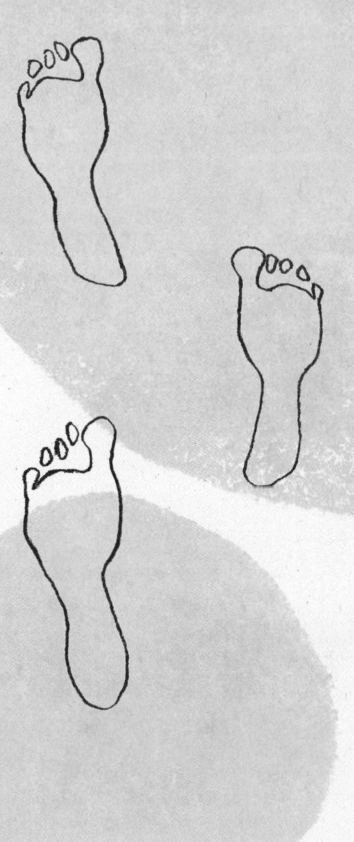

01

我真是倒霉的小孩

在痛苦难过中，坚持送给别人一朵美好的心灵之花。这样的感受，就像大家都被一颗闪亮的星星照耀过一样呢。

一天晚上，我靠在床上给米尼读《怪杰佐罗力》[①]，读到后来，边读边打盹儿。我太困了，开了一整天会，中午还顶着大太阳跑了一趟新三五锄[②]校区做装修规划，太阳穴噗噗噗地跳。

“你怎么老读错！”已经翻到最后一页了，但米尼还是跳了起来，气呼呼地说：“我告诉你，繁体字我都会看了。你以为我不懂到底在写什么吗？”他瞪了我一眼说：“乱念书！你真

① 《怪杰佐罗力》是米尼非常喜欢的一套绘本，其中的主角佐罗力非常喜欢捣蛋，理想是做“捣蛋大王”。

② 三五锄微塾创办于 2018 年，面对社区，向儿童及父母、长者提供素养类课程支持。

是的！”

我迷迷瞪瞪地，心里又好气又好笑，抢白他说：“你可以自己念呀。”

“我才不念呢。你就应该给我念书。”他气呼呼地说。

“没有什么事是别人该为你做的。”我一字一顿地说，“我上了一天班，我太累了。我眼睛都快闭上了还坚持为你读书。你都不体谅我，不感谢我吗?!”

他听我说完，站在床头，深深看了我一眼，吸了口气，说了声“我出去看书了”，就推门而去。

我太困了，且不管他，躺在床上放松四肢，倦意就裹挟而来。我马上睡着了，甚至做了一个很短、似是而非的梦。

突然，米尼推开了门，翻身上了床，远远坐在床那边。我妈跟在他后面，从黑黑的廊外探头来看：“没事吧？他说妈妈很累。”

“嗯。”我揉揉眼睛回应了声。

“我说妈妈很辛苦，我们要体谅妈妈。”我妈靠在门框边，继续说，“他说他都知道。”

我妈说完就拉上门，转身回屋了，她的脚步声慢慢走远，我和米尼都没说话。

“如果你很累，你可以告诉我，我不知道今天你很累。”他坐在灯光未及的阴暗处，慢慢地说，“我觉得你可以表达出来。”

我想了想，清清喉咙说：“这点的确是我错了。”

“你为什么不告诉我你很累呢？”过了会儿，在夜的安静中，他又问。

我又想了想，说：“可能觉得这只是我自己的事吧，也可能是觉得说出来也没有用，你一定还是要我把书读完的。”这样据实相告，我的心里突然涌起一股不可名状的自怜，“就是，虽然很累，可还是要承担起妈妈该做的事。”

我转向他，他在暗处沉着地点了点头，用7岁小男孩的口吻，很平静地说：“妈妈，如果你觉得你做了一个妈妈该做的事，你就不应该非要别人向你道谢。”

“这件事让我有情绪。”他又补充说。

“你还是可以对我说你很累这件事的。”米尼说着，倾过脸来，满脸认真地对我用力点了点头。

我想了很久，对他说：“你说得对，这件事是我做错了。我应该想清楚什么是自己决定要做的事，我还应该更努力，努力相信你。”

他又深深看了我一眼，把腮帮贴在我的腮帮上。“妈妈，”他又像小宝宝一样，软软的，小小的，“妈妈累了，真是辛苦你了。”

我躺在与暗夜的交界处，耳鼻所及，是他小小身体的香，怡然自得。

我想起有一次，米尼皱着眉头跟我说："妈妈，爸爸老是威胁我！他跟我说话总是说'你该干吗干吗，不然我就……'，我真是倒霉的小孩。除了你，大人永远都在威胁他们的孩子。"

我哈哈大笑，直言相告："我也经常忍不住想威胁你。想让别人服从自己，威胁是非常直接的好办法呀。"

"真是太倒霉了！"米尼握着小拳头，发誓说："以后我要和爸爸对骂！还要威胁我以后的小孩！"

"米尼，"那时候，我弯下腰，正色和他说，"爸爸威胁你，也不都是他自己的问题。很多大人，在自己还是孩子的时候，就被他们的爸爸妈妈威胁过。他的爸爸妈妈，又被自己的爸爸妈妈威胁过。就好像击鼓传花的游戏，他们从上一个人那里接到坏的花，就把坏的花再传下去。每个人都觉得'我真是太倒霉了！我收到了坏的花！'，但没有人去改变这个游戏。"

米尼用黑漆漆的眼睛看着我，"我这样说，你理解吗？"我问他。他想了想，点了点头。

我摸了摸他的头，继续说："我们来改变这个游戏吧。只有我们改变了，我们丢掉了手里接到的坏的花，我们把从心里开出来的好花送给每一个参加游戏的人，这个游戏才有可能变好。好吗？"

米尼沉吟了一会儿，说："你是说，别人威胁我们的时候，我们还一直对他们好吗？”

我忍住笑，说：“我的意思是，我们觉得被威胁不好，就不要用威胁的方法去对待别人。你和别人协商讨论，别人就更有可能和你协商讨论，你威胁别人，就可能永远互相威胁……”

“我才不要！”这孩子跳开去，背着手说，“别人给我坏的花，我就把臭的花丢给他。我才不要给他好的花！”

“可是，在痛苦难过中，坚持送给别人一朵美好的心灵之花，这样的感受就像大家都被一颗闪亮的星星照耀过一样呢。”我极力劝说，“你试试看吧？”

“那是什么样的感受呢？妈妈，是什么样的感受？”米尼追问我。但那次，我回答不上来。

那夜，当他和我紧紧依靠，我内心甘美难言，一股独力难支的旅人突遇栖所的安定感，慢慢盈满四肢。

“这就是在一场困难重重的游戏里，抛出空枝，却收遇繁枝的感觉呀；就是恶劣的心情被光辉美好的心性照亮的感觉呀！”我想对他说，但我只是对着天花板笑了笑。

“睡吧。”我的孩子对我说，这次轮到他把我的头放在他的臂弯里。“快睡吧。”他又说。“谢谢。”我说。

“感谢无量因果，真实不虚。”我又在心里补充说。

在他小小的怀抱里，当妈妈的我一下就睡着了。

02

一起努力对抗心中的挫败感

妈妈，我在想，
老师是不是也有挫败感呢？

米尼从学校听来了一个故事。有个孩子打破了玻璃，他很诚实地告诉了他爸爸，爸爸不但没有怪他，还表扬了他，因为这个孩子很诚实。

“嗯。你觉得这个故事怎么样？”我问。

“这个故事是告诉孩子，做事都要诚实，”米尼说，“不过我觉得这个故事很怪。”

“哪里怪？”我好奇地问。

“一般爸爸都不会这样反应。爸爸的反应都是：无论你诚实不诚实，打破玻璃爸爸都会不高兴。故事里这个爸爸太奇怪了。”

看着他振振有词的样子和因为换牙有点漏风的小嘴，我忍住笑说：“那你觉得故事里这个爸爸为什么不生气，反而很高兴呢？”

他默默拖着书包在前面走，好一会儿才说：“其实小孩说真话也没什么难的。这个爸爸肯定经常被别人骗，所以好不容易遇到一个人和他说实话，他就觉得很珍贵。”我笑疯了。

米尼又说：“有一天，我们全班都在说话，扎娜小姐没把课上完就给我们布置作业了。她给我们上的课好像不多，经常一会儿就不见踪影。”

“嗯。我见过她几次，能感觉到她尽力想做个好老师。你觉得她怎么样？”

“除了有一次她帮我整理书包，我没和她说过什么话。不过，我觉得，妈妈，我在想，老师是不是也有挫败感呢？”

“老师的挫败感吗？”我在乍起的秋风里停下脚步，看着他。

“就像我读英语课文，有时候读了很多次都记不住，你板着脸，但你说：‘我不是生气，我是有挫败感。我觉得没教好你，我觉得自己很失败。这是我自己的感受。’就是那种挫败感，老师也会有那种挫败感吗？”

海边的秋风阵阵，我俩站在小街的拐角，极力站稳脚跟保持平衡。

“我不清楚你们老师的感受。”在风中，我提高声音说，“作为老师的我，经常有挫败感。怎么做能和我的孩子心靠得更近？要做什么才能更好地引导他们？我是不是做错了什么？孩子分心是不是我的错？可是，孩子的成长也在激励着我。其实可能每个人都是这样吧，有时候觉得很失败，有时候觉得一起努力也有可能成功。”

他站在大风里，垂着头想了一会儿。“老师呀……”他用小孩细细的声音说，“也很可怜呀，他们也在打通关游戏。要是他们失败了，就不能跟孩子一起长到二年级、三年级，不能一起走下去了，对吗？”

我摸了下他的头，大声说：“所以孩子、老师、妈妈爸爸才要一起努力呀！谁也不能掉队呀！”

然后我们就在风里奔跑起来。

03

拥有宏大愿力的咒语——“我理解你”

自己面对情绪，自己掌握情绪，
就不会被情绪控制，就会在幻想王国
得到解脱，会自由。这非常重要。

有次“睡前卧谈会”我讲了《地藏菩萨本愿经》里的一个故事。

地藏菩萨的某一世，作为人的孩子，她的妈妈死了。因为她妈妈生前一直沉浸在不平、抱怨，以及杀戮和欺压导致的负面情绪之中，这个孩子深知妈妈死后也没有办法得到灵魂的平静。她到收容死后灵魂的幻想王国里，看到妈妈和千百万的灵魂在一起，承受着人的负面情绪中会遭受到的事。

我们讨论了一下“极端负面的情绪是什么”和“人在极端负面的情绪中会做出什么事”。米尼认为是“愤怒”。他说：“最愤怒的时候我连妈妈都想离开，都想打碎，头里面会着火，我想破坏一切。”我们一起想象了一下“无数灵魂都在大搞破坏、互相厮打和谩骂，只有愤怒而全然没有爱的世界”。在这样的故事里，我们从来没有触及有截然不同和太过有冲击力的字眼，只是讨论幻想王国的不同景色。

“地藏菩萨想把自己的妈妈和别的灵魂从这样的地方救出来。”我继续说，“这是一个很大的愿望，一种很大的爱。一起经历负面情绪，寻找负面情绪的出口需要非常大的勇气。”

“就像我很生气时，一直在深呼吸，妈妈一直在我旁边。这也是勇气。”他说。

“是，你做得很好，我也在努力。有时候我也会跟着你生气起来，但我俩都在努力获得平静。”我搂住他，心中泛起无限柔情，接着说：“我看见你在面对自己的情绪。自己面对情绪，自己掌握情绪，就不会被情绪控制，就会在幻想王国得到解脱，会自由。这非常重要。”我说得很慢，一字一顿。在昏黄的灯光中，他尽力在听。

“今天中午，我非常非常生气的时候，妈妈陪着我，我一下子就越过生气了。”他说。

“我发现你现在越来越容易让自己平静下来，这是很了不起的成长呀，米尼。”我看进他的眼里。最近，在这方面他展现出了自我的强大力量。我亲了亲他。

“我非常生气的时候，妈妈陪着我，让妈妈受苦了。”他摸了摸我的手，自然而然地说。

我摇了摇头说：“我陪着你，我就是地藏菩萨了呀，米尼。你陪着自己，在你的幻想王国里，你也是你自己的地藏菩萨。”

“那我会长生不老吗？”这个处在死亡焦虑期的孩子马上问，我忍不住笑起来。

“米尼，你刚才说，愤怒就是气得要爆炸，要打碎妈妈，打碎一切，对不对？”孩子点了点头。

我握着他的手，接着慢慢地说：“愤怒就是杀死一切，平静是长舒一口气的放松。愤怒是死亡和停止，平静是生。一直平静就是生生不息。我重复说着。不要害怕死亡和愤怒，它们一定会在。看着它们，去找平静的路。这就是妈妈所知道的菩萨做的事。”

我们停顿了一会儿。

“我很生气的时候，也很喜欢妈妈一直说的话。”在黑暗中他突然说。

“什么话？”我问。

我以为他会说喜欢我跟他讲“我爱你”这样的话。在他罕有的、沉浸在极大情绪中时，我说的次数最多的也许就是这句话，还有“深呼吸，看着你的情绪，你一定能做到”。在他的情绪中，我总是把自己切换到“循环播放键”，尽力用最平静的口吻和他重复说这些话。孩子最爱听的就是“爱”吧，我自以为是地想。

他用黑澄澄的眼睛看着我，用他奶声奶气的童音说：“妈妈，你陪着我，你说‘我理解你，妈妈理解米尼’。”

在接触童话叙事后，回头看宗教典籍，我发现很多故事是用于辅佐与引导人的无意识的，剥除形式化的那一部分，和孩子一起挺进童话本身，会在更深处相逢。

原来“我理解你”是拥有宏大愿力的咒语。

谢谢地藏菩萨，谢谢米尼。

为了保护地球而“不能”努力的小孩

妈妈，我觉得那个三年级的哥哥
可能是未来的我吧。

一天，米尼舞龙彩排完，汗流浃背的，回家路上，我请他去小比萨店里“喝一杯”。

隔壁桌是一个正在写作业的小男孩，眼睛大大的、锅盖头、很严肃。他妈妈不知道为什么出去了，他放下笔，和米尼搭上话。他说他是三年级学生，学习压力特别大，特别是英语，压力大得没边了。

“你才上一年级，”他用一种孩子才有的自嘲和悲伤的神情，小心翼翼地看了我们一眼，接着注视着米尼说，“你一定要努力，不然，到了三年级就会非常吃力，搞不好要留级的。”

说完这些话，他妈妈就回来了。他继续拿起笔，看起来心无旁骛地写作业。我们在隔壁桌嘻嘻哈哈地玩猜字游戏，那孩子悲伤又带着自嘲的眼神一直在我心里晃。

这件小事也给米尼带来了极大的心理冲击。回家路上，他突然对我说："妈妈，我觉得那个三年级的哥哥可能是未来的我吧。"

"嗯？"

"可能是未来的我坐着时光机跑到现在，跟一年级的我说一些非努力不可的话。"米尼揣摩着说，"《哆啦 A 梦》里也有这样的情节，未来的大雄跑来拜托现在的大雄要认真学习。"

"你能这样想，真是太好了。不要辜负你自己哦。"为娘的我老怀大慰地说。

米尼停下脚步，非常严肃地看着我，板着小脸说："妈妈，我觉得这样做不对。"

"嗯？"

"跑来拜托现在的自己努力，这是更改历史呀！这和运用法力，让五行颠倒有什么区别嘛！这会让地球毁灭的。所以，无论他怎么说，都不能努力！不然，地球会因为我毁灭的！"

我被米尼的神逻辑惊呆了！看来为了保护地球他不得不放纵自我了！这究竟是怎样一种自甘堕落的牺牲精神呀！

05

成人的因果，孩子的因果

"理解"不是一个短促的动词，
而是一次又一次的共同训练，
一次又一次共同打破思维定式的联结。

自从米尼做了小学生，衔接过程颇为顺遂，但这一过程中，有一件近乎不值一提的事却令我印象深刻。

这件事发生在他第一天上学的晚上。我下班到家时，猴子（我先生的昵称）已早早把他接了回来，一进门，就见他仰着一张"我已经上小学了"的得意扬扬的脸，在房间里昂首阔步，叽叽喳喳地说话。我一面忙活着洗手吃饭，一面竖着耳朵听他们父子对话，听了一会儿，渐渐听出了破绽。

原来，下午放学猴子接米尼时，米尼劈头就喊："我快饿死啦！爸爸你带吃的没？带吃的没？"米尼是个大胃王，一向饿不着。在三五锄时，他就以连吃几大碗饭，逼得阿姨藏电饭锅的事迹享誉全班。猴子见正午刚过不久他就饿得直叫唤，心里奇怪，就问他："怎么？你中午没吃饱吗？"

米尼见问，支吾了好一会儿，才很不好意思地说："中午吃饭的时候，我想大便！因为这地方我不熟，不想自己在里面擦屁股，就憋着。憋着大便可难受了，我都吃不下饭了。饭没吃完，我就把餐盘交还给老师了。"

猴子又是怒又是心疼，一时气儿不打一处来，提溜着米尼的小身板就回了家，然后和家里每个人打了招呼："以后要训练他在所有地方都能大便！"

米尼对这样的判定显然颇不服气，但他太饿了，回家就忙着吞下一大堆食物，根本顾不上和爸爸争辩。

等及向晚，我回了家，猴子又在我面前说了这事。这次米尼已填饱了肚子，有了力气，顿时就火了，冲着他爸说："你怎么老提这个。这事有什么关系？我都解决了呀！你看你还说个没完，真是的！"

说这话时，他的小脸上满是刚出去"混江湖"的自信，还略微带着点儿恼怒、屈辱和对成人絮叨的不解。他就站在窗前，腆着肚子，挥着小拳头，头一甩一甩的，一副愤世嫉俗、遗世独立的样子。

"怎么会没关系呢？"他爸爸坐在高高的椅子上，浑身散发着"这个世界再也无法阻挡我讲述人生道理"的气概，用一种近乎怜悯的耐心开始给自己的儿子解释："你看，因为你不想在学校大便，就肚子难受，肚子难受就吃不下饭，不吃饭下午就饿坏了，没心情上课……”

“哎呀！”米尼说，“你到底懂不懂我在说什么?! 这根本就是两件事！两件事！”因为百口莫辩，他的小脸涨得红红的。

“怎么会是两件事呢！你就是在逃避问题！”他爸爸也说。

米尼甩着手跑走了。

就着父子俩小小的拌嘴声，我一口一口喝完碗里的汤。做妈妈的，上班的忙累一退去，收拾残勇，就要纵身跃入一地鸡毛的家事中，比如解开两只猫腿上纠缠的毛线，各拍一下屁股，说：“嘘！别吵架，好好玩。”

米尼和猴子，时常就是那两只猫。

在人和人的日常社交中，常常隐藏着非常微妙的“自我理解设障”。无论何时，我们都喜欢运用简单、熟悉的因果关系链来解释事物。比如说，在“少吃午餐”这件事上，爸爸的推理链条是：如果“饿”取决于“少吃午餐”，而“少吃午餐”取决于“憋大便”，那么“饿”就取决于“憋大便”。也就是：如果“憋大便”引发了“少吃午餐”,“少吃午餐”引发了“饿”,那么“饿”一定是“憋大便”引发的。

在某些日常生活的理解中，人们将因果关系投入一种链状序列。每当看见这种序列，无论它有多长，许多人都会很自然地通过掐头去尾的方式，把内容压缩成一根单一的链条。这样的推理方式，在许多思维推理方面，能给我们省却很多功夫。

比如，麻雀是鸟，鸟会飞，所以麻雀会飞。

然而，在其他问题上，尤其是对人的大量行为和选择的细微理解上，简单粗暴、掐头去尾式的推理链条却极有可能导致错误的方向、错误的结论。

比如，在“少吃午饭”这件事上，米尼情绪激动，固然有“不愿意被成人指出弱点”的羞愧，同样蕴藏着对成人推理逻辑的不理解。

在孩子的表达逻辑里，一件事的陈述大都归结为一件事的陈述，彼此之间的关联性远没有那么强。按米尼的陈述，“少吃午餐”引发了“饿”，但“饿”和“憋大便”就八竿子打不着了。甚至他在“成功憋住大便”这件事上，心里还有点儿小得意，只是没想到，这件事在别人眼里，有了另一种解读。

也就是说，在米尼的话里，提出“帮助解决”之邀请的是：给我吃的。而他认为自己解决的问题是：因为不熟悉环境忍住了便意。因此，当他撑爸爸时，这个未满 7 岁的孩子百口莫辩，只能不停地说“这是两件事！两件事！”。

如此近乎不值一提的生活误会，其背后隐藏着一个泾渭分明，甚至接近“重大”的认知分歧——你能独立适应新生活吗？

很显然，米尼内心的答案是“能”，即使混杂着焦虑和紧张，“我进入另一个成长阶段”的愿望依然强烈。这个“能”，总归也有七八十分的自信。

但爸爸的反应，强调了他的“不能”：

- 你不能适应新生活。
- 你做得不好。
- 你惹了一堆事。
- 你连自己都照顾不好。
- 你还知错不改，逃避问题。

爸爸的反应在孩子心里隐约成霾，本来他只需要解决生理上的“饿”，但现在，他的对手变成“爸爸看不起我”。

而对成人而言，爸爸一定会说：“我不是看不起他啊，我是帮助他。他做不好，当然需要帮助了！”

是不是很熟悉？这样的认知分歧到了青春期，很可能发展成一场又一场的弥天大战。

从“自我理解设障”“思维定式”到“误解循环”“关系死结”，这样充满挫败感的日常对话，仅仅在家庭中重复两三个月，就可能铸就几十年冤家的关系。

因为那些对话都是关乎心灵立场、关乎认知认定的“关、键、性、对、话”。

我们总说“要理解孩子”。“理解”不是溺爱和纵容，也不仅仅是体谅和关注。很大程度上，“理解”是呼唤成人打破自己的思维定式，全然接受孩子对自己的表达与认定。

“理解”意味着，成人必须从对孩子的深度关注里学习退出，让孩子决定自己；意味着，在适当的时候，需要采用关键句式减少误解。例如：

- “我理解你表达的意思是…… 我有误解你吗？”
- “你想怎么解决自己遇到的问题？”
- “你需要我提供什么样的帮助吗？”

“理解”意味着不必害怕表达失误、引发误解，只要在每一次误解后，为自己和孩子提供复盘的机会。

“理解”不是一个短促的动词，而是一次又一次的共同训练，一次又一次共同打破思维定式的联结，是珍贵的“情商”学习。

写了那么多，但作为妈妈的我什么也没说。

“你以为的就是你以为的吗？”这样的问题，不仅爸爸和孩子难以厘清，一向自诩为“翻译器”的妈妈也需要思考啊。举重若轻，减少判断，一样也是妈妈的大课业。

我放下饭碗，亲了亲靠过来的孩子气呼呼的小脸。

那天晚上，临近就寝时，米尼问我：“妈妈，我是非常棒的小学生吧？”他眼里闪烁着的笃定中又带着一点儿忐忑。

“你是。”我认真地说，“你是一个成长的惊喜。”

我想抱抱他，但他推开我，又去问猴子：“爸爸，我是非常棒的小学生吧？”猴子靠在床上，严肃地字斟句酌：“还行。除了憋大便这事都挺完美的。”

米尼顿了顿，忍了一晚上的气终于爆发了。他龇着小白牙，哇哇哇地哭起来，掉头扑进我怀里。真是可爱呀！

孩子香喷喷的，一切都是崭新的。因为这样崭新单纯的童心，我们得以看见天地的因果、成人的因果、孩子的因果。

06

真实的决定与改变从不怕迟到

一段关系的转变、一个行动的决定，
比“学习某个科目”重要许多。

小学的第一个学期快结束了，晚上听着淅沥沥的春雨，我和米尼就着他的人生规划深谈了一下，一起制作了一张表。听他规划他的人生，我内心受到很大震动，原来他是这样想自己和未来的。猴子坐在旁边，一起听着，默默无言。

我们谈了很多。在“未来局势图”的右下角，米尼做了一个“小学六年打分图”，让我们为他的这学期打分。他叮嘱我们说：“要真实打分，不要用爱打分哦。”

我想起了很多事：想起刚开学时，他每天带一颗糖去“喂养”站在学校门口的校长，如果校长不在，他就托我把糖带回家，因为“小朋友不能带零食进学校”；想起他第一次被叫上台，表演立正，激动得满脸放光，放学就在马路边演给我们看；想起他英语零基础，一开始每天和我一起读书，经常一个单词都不认识，胸部起伏不定，嘴上结结巴巴，但不停对自己说“我要读好英语，不然就上不好小学了”；想起他和我们一起跑江湖演老神怪，有时候大人都累到吃不下饭，他总是第一个跑上台收拾道具；想起他因为习惯露营，主动跟我说“妈妈，以后你出差的时候，要是爸爸不在，你怕阿嬷累，就送我去学校旁边的晚托班，那里可以寄宿，我可以在那里自己睡觉”；想起他在未来班的各种实验；想起他给三五锄的小弟弟小妹妹开的读书会……

我把这些事都告诉他，跟他说我有多么为他骄傲。这些事让我和他的人生都闪耀着光。这样的打分，必须是 100+。

他又说：“爸爸，你打分吧。”猴子想了想，拿着笔抱歉地笑起来，说：“爸爸很想给你打 100 分，但还是 99 分吧。有时候你写作业还是太急躁，不够耐心。”

“好啊。”米尼说，并在猴子的打分边上要我写上“专业评分”4 个字。

猴子更不好意思了。他踌躇着，突然说：“米尼，以后爸爸每天晚上也给你读英语故事吧，像妈妈一直给你读书一样。我们一起读，每天都读，好吗？”

这是一个非常、非常珍贵的邀请。过去 7 年，猴子从没有和孩子共读过一本英文绘本。共读真的有力量吗？那些付出的时间代表着什么？我们从未讨论过。

然而此夜，它突然像一阵雨，未有先兆，从天而降。

回头看，从这一夜至今，猴子和米尼已经共读了 3 年。这 3 年，猴子开始翻译各种儿童绘本、成长小说，至今已翻译了近百本儿童文学书。10 岁的米尼也已经能自己阅读原版《波西·杰克逊》等各种英文小说。成长的时光如白驹过隙。有时候我也问自己，我是亲子共读推广人，而有 7 年时间，我先生因为身处异地，不常与孩子共读，更不曾和孩子共读过英文绘本，为什么这件事从未成为我们家任何一个人的困扰呢？有可能的回答是，一段关系的转变、一个行动的决定，比“学习某个科目”重要许多。我们都期待着真实的自我决定与改变能够到来。一旦到来，它一定充满力量。

07

焦灼和春天降临的奇怪方式

我们的人生，
真的会遇到很多焦灼的事呀！

一天早上，我和米尼躺在被窝里讨论“焦灼”这种情绪。米尼说，他能理解这个词。这就好像他后天就要去上学了，寒假作业还没写完，这个就是“焦灼”。

“我的想法和你有点儿不同。”我借着屋外叽叽喳喳的春光，倚在枕上看着他说：“寒假作业没写完，你很着急，可以把自己关起来，没日没夜地赶作业。这件事是你自己能解决的。但‘焦灼’这个词呢，更像是‘心里非常着急，可这事只能听任别人控制，无法自己解决’，有点儿像‘干着急’。”我扒了扒头发：“我这样说，你懂吗？”

他想了想，认认真真地回答说：“我理解，就像我5岁时在你手机淘宝上挑玩具，都放进购物车里了，可一直到7岁，那些玩具还没寄到家里。真的是……”他叹了一口气，就是那种真正、无忧无虑又满心思虑的孩子式的叹气，继续说：“真的是，焦灼哪。”

我快要笑死了，可同时，我理解他。这种终究于事无补却全心全意的理解鼓舞着此刻的我。

“我要打起精神来。嗯对！打起精神干活！”躺在床上，我大声对自己说。

“你在说什么呢？”米尼问。

“我在找对抗焦灼的方法。”我如实承认。

“那是什么呀？”孩子漫不经心地问。

“嗯。”我翻着眼皮想怎么说清楚这件事，窗外连绵的晨光给了我些许灵感。“就好像，”我踌躇着说，“就好像春天就要降临到这个世界了。它身高几千万仞，身宽几千万丈，无比庞大。一整个春天掉到地上，会怎么样呢？”

“那么大！会把地球砸成两半！”米尼两眼发亮地说。

“所有人都这样想，”我笑着看着他，“但春天不是这样想的，而只有我知道春天的秘密。”

“那是怎么样的呀？妈妈，春天是怎么来到世界上的？”米尼问。

“春天巨大无比。当它来到世上时，我知道，它是把自己倒吊起来，脚钩在云层里，头朝地，鼻子贴近地面。春天刚刚着陆的方式，就是用温暖的鼻息，吹绿一株小草。”

“米尼，”我把枕头挪过去，靠近他说，“我们的人生，真的会遇到很多焦灼的事呀。”我一边这样说，一边用力朝他点着头。他安抚似的拍了拍我的肩。“因为总是遇到干着急的事，我决定以后多想想春天。”

“想想春天吗？”他问。

“嗯！”我继续认真地点着头说，“想想春天是那么无边无际。但到了它的时间，它并不一下子砸向地面，它只是沿着上天的绳索倒吊下来，一点一点地沉降，贴近地面，用鼻息轻吹小草。春天真是了不起呀！那么慢地安慰着大地，我们也要那么慢、那么慢地去对待自己的心。”

米尼安安静静地听我把这些心里话慢慢地讲完。

08

和孩子说“去做坏事吧”

别的孩子的爸爸妈妈总是和他们说
“努力学习”“要拿好成绩”，只有你一直
跟我说“去做坏事吧”“读到这就可以了”。

“你真是不一样的妈妈！”米尼睡前说，“妈妈，别的孩子的爸爸妈妈总是和他们说‘努力学习’‘要拿好成绩’，只有你一直跟我说‘去做坏事吧’‘读到这就可以了’。你真是不一样的妈妈。”

“做坏事，也是很重要的事呀！这可是比拿好成绩难得多的事！”我在黑暗中瞪大眼睛认真地说。

“我知道，”米尼慢慢地说，“可别人的爸爸妈妈肯定不是这样想的。因为在他们心里，真的觉得好成绩什么的很重要！”

“好像是的。幸亏你不是总拿好成绩回来的小孩，能遇到你真是太好了！”我用力抱住他，在一片孩子的香气里，诚心诚意地谢谢他。

“我也喜欢妈妈，”我听到孩子奶声奶气地说，“妈妈给了我，嗯……给了我自由，还有温柔。”

“不仅仅如此，米尼。”我趴在他耳边说，“这些事不仅仅是自由和温柔。孩子去做孩子气的坏事，是孩子时期的黑夜。一个孩子不能老生活在白天里，不能老是努力呀、奋斗呀，那真是太不幸了！孩子就该有孩子的黑夜。哪怕这样的黑夜里有别人的误解呀，有不被承认呀，有坏成绩呀。总有些孩子想做的事，是哪怕付出代价也要去做，也要去尝试看看的。妈妈呀，就是守护这些孩子气的坏事的人。”

米尼握了握我的手。在每个黑暗、让人迷茫的夜里，我们总是心心相印。

“妈妈，我知道的，妈妈。晚安，祝你做个好梦。”

09

寻找故事里的秘密

奇幻的故事是作者把自己对人生的答案
放在一大堆想象力里传递给你。

一天傍晚，沿着海边手拉手走回家的路上，米尼和我讲了一个他看的故事。

“有两个小孩，他们不是普通小孩，他们是有奇幻能力的小孩。妈妈，要是他们放声尖叫，能一直叫一直叫，直到老师哭出来为止。”

“哦，这个能力真是相当奇幻。”

“是呀。”他满脸羡慕地说，“老师半夜里想起第二天还要给他们上课，会焦虑到号啕大哭。”

“真是太妙了。”

“老师就给全班布置了非常难、非常难的数学题。孩子们说‘我们怎么能写得出来呀！’，可每个孩子都在解题。只有这两个奇幻小孩，他们手拉手走出了教室，走出了校门。”

“哦。”

我们面前的大海不再像前几天那么黑漆漆的，它的和缓让人也缓了下来。

“这时他们看见一条飘起来的裙子，这条裙子飘呀飘，他们跟着裙子跑。裙子掉进湖里，孩子们捡起石头去扔它。第一下，石头从水面反弹回来了。第二下，石头仍然从水面反弹回来。第三下，小男孩用尽全力把石头丢了出去，但依然反弹回来。妈妈，故事结束了。这是个奇幻的故事。”

我想起他看的书，暗自发笑，回答说：“后现代文学大师的作品都是奇怪的。它是不是和你之前看过的故事都不一样？”

他拉着我的手，我们一起踩着软糯的草皮，穿过一片海边的榕树林。

“我喜欢它和别的故事相反。”米尼吃力地打着手势说，“大哭和害怕的不是孩子，是老师。故事里的‘受害者’和别的故事是相反的。”

“非常棒。”我忍不住低头亲了亲他的额头，“你提到了‘受害者’，但老师和孩子的关系里，真的有某个受害者吗？老师一定是害孩子的吗？”

他黑漆漆的眼睛看着我。我们站在海边，这片海域，前几天因为台风渐至还一片漆黑。

“米尼，”我说，“这个故事的秘密，在于后面一个部分。或者说，你要去想，当你站在湖边打水漂的时候，石头是不是在伤害湖水？在故事里，用尽全力丢出去的石头弹回来时，谁是你说的‘受害者’？”我停了停，一只孤零零的海鸥飞过去了。

“米尼，”我又说，“奇幻的故事是作者把自己对人生的答案放在一大堆想象力里传递给你。你说，这个故事奇幻的一半在‘受、害、者’三个字之上。我喜欢你的推断。那另一半奇幻在哪里？我等着你找到它。”

此时的海面已不再黝黑。我的孩子开始阅读后，许多我已遗忘的美妙故事去而复返。然而，依然有那么多秘密等待着真相大白。

10

不喜欢《骑鹅旅行记》

不是所有的书都需要进入。
看几页，看跟你合适不合适再决定。

米尼说他不喜欢《骑鹅旅行记》。

“为什么呀？你不看了大半本嘛。”我问。

“我觉得它太拖沓了，很多东西写太多，不简洁。”米尼解释说。

“说实话我也觉得《骑鹅旅行记》不咋的，我承认，但细节细腻总是迷人的呀。”我说。

“让人不耐烦的不是细节。”米尼想了想，说，“它的形容词太多了。形容一样事物，不用那么多形容词。”

我和猴子一起笑了。“这点非常对你爸的脾气。”我说。

“精确，简洁。这是最重要的。”猴子说，“描写事物最重要的就是这个。我喜欢我翻译的《小红马》就是因为这个。”

“可是，”我迟疑地说，“《骑鹅旅行记》比《小红马》有名多了。它可是获得过诺贝尔文学奖的呀。”

“这不重要！”父子俩一起说。

“我觉得《夏洛的网》《纳尼亚传奇》都比《骑鹅旅行记》好。”米尼说。“我不想看《骑鹅旅行记》了，这是不是我阅读能力不行？”他低着头，沮丧地问。

我和猴子交换了一下眼色。“你阅读能力很棒。”猴子说，“不是所有的书都需要进入。看几页，看跟你合适不合适再决定。”

“没错，”我蹲下来，把他的小手揣在手里，“我们为你骄傲，你超帅的。阅读能力绝不是看完多少本书的能力，不仅仅是这些。阅读，就是和别人的心灵交谈。你才8岁，却可以在和赫赫有名的心灵交谈时，保持自己全然独立的看法；在书店里，你又能选到那么多适合你的书，这些书都很高级，比爸爸妈妈希望你看的更系统、更有趣、更贴合你自己。光这些点，就可以得到魔法王国的门票啦。”

在熙熙攘攘的街上，米尼正捧着一包他为自己选的旧书，我俯身亲了亲他的小脸。

11

捣蛋是 孩子一定会做的事

捣蛋孩子并不是坏孩子，
让大家去理解捣蛋孩子是一种责任。

阅读课上米尼决定分享他看《怪杰佐罗力》的心得，我们就“要不要在幻灯片里加入这一页”进行了讨论。米尼觉得虽然这的确是发生在他阅读和生活中“真正的事”，但“真正的事”还是不要让老师知道才好。

“大人都责怪佐罗力，让佐罗力孤孤单单。所有的孩子都喜欢佐罗力。我也喜欢他。”他皱着眉说，“可为什么我要承担这个责任呢？为什么我不背着大人捣蛋，还要告诉大人‘大家都喜欢捣蛋’这件事呢？”他低头看着佐罗力玩偶，样子既疑惑又可爱。

“米尼和佐罗力都可以去捣蛋，这件事，从4岁你第一次读《怪杰佐罗力》开始就是我俩的约定。”前尘往事席卷而来，我满心温柔。“但你说得对，这件事不一定要让每个人知道。”

我挨近他，他已经8岁了。过去这些年，我们一起努力，把佐罗力带给更多的家庭。和浩浩荡荡的童心世界在一起，见识“捣蛋”的磅礴生命力，真是与有荣焉。“只不过呀，米尼，”我喊他的小名，“流浪的佐罗力和那些爸爸妈妈不理解他们捣蛋行为的孩子一样，他们都太孤单了。你很幸运，你的家人全部理解你的捣蛋。你慢慢长大就会知道，幸运的孩子鼓起勇气为不够那么幸运的孩子努力是一种责任。”

“责任吗？”他抬起头看着我问。

“嗯！”我用力点点头。在我看来，他还那么小，可是，我们已经在为共同拥有的未来世界并肩而战。“说实话，捣蛋孩子并不是坏孩子，让大家去理解捣蛋孩子是一种责任。你已经长大到足够承担这个责任的时候了。”

“何况，”我又说，“大人虽然说着‘捣蛋是不对的’这样的话。他们并不一定真的反对捣蛋。”

米尼扑闪着眼睛看着我：“对呀妈妈。大人是小孩的时候，也会捣蛋的。”

“对呀！如果你和老师都同意这一点，都想起捣蛋是孩子一定会做的事，你们就有一次很好的合作了。”

他把佐罗力玩偶举到唇边，然后说：“我可以带佐罗力去上阅读课吗？和它在一起，我就可能会说出真话来。”

“你可以自己决定，米尼。”我握握他和佐罗力的手，说，“大声说出来或只是埋在心里，佐罗力都会很开心的。”

说完这些话，这页幻灯片就落停了。

12

悲伤的《青蛙王子》

我好爱米尼。
他有一双知己的耳朵。

睡前我给米尼讲了一个故事，说的是一个王子被巫术诅咒，变成了一只青蛙。只有一个女人诚心诚意的吻可以解除魔法。青蛙蹲在一口井里，别无他法，只好等着好运从天而降。

他等了很多年，有一天，一颗金球从天而降。一个美丽的少女在井口露出脸庞，对它说："青蛙青蛙，请把井里的金球捡给我。"少女说。

青蛙说："不行不行，除非你给我一个诚心诚意的吻。"

少女吐了吐舌头，说："要吻你？太臭了。我去让爸爸再给我买别的玩具！"

她跑开了。青蛙别无他法，只能继续蹲在井里等待。

又过了很多年，井口又露出那美丽的脸庞，少女长大了，艳光四射，她就这样站在井边，喊："青蛙青蛙，把金球还我！"

青蛙说："不行不行，除非你给我一个诚心诚意的吻。"

女人吐了吐舌头，说："要吻你？太臭了。我去让爱我的男人们再给我买别的玩具！"

她跑开了。青蛙别无他法，只能继续蹲在井里等待。

又过了很多年，井口终于又出现了熟悉的面孔，这一次，女人已垂垂老矣，满脸皱纹，一头白发。

"青蛙青蛙，把我仅剩的那颗金球还我。"老人说。

"不行不行，除非你给我一个吻！"青蛙说。

老人迟疑着："可我已经又老又丑，一无所有，我的吻还有魔法吗？"

青蛙想了想，它也拿不准，但它说："只要是诚心诚意的吻，总能有魔法吧。"

于是，老人吻了青蛙。魔法解除了，青蛙变回了王子，老人得到了她童年时的那颗小金球。

时光荏苒，他们已经失去太多。在婆娑的树影下、古井边，他们互相鞠了个躬，各自奔向自己在别的故事里的结局。

米尼在黑暗里听完，悠悠地叹了口气说：“妈妈，你编的这个《青蛙王子》好悲伤呀。”

我好爱米尼。他有一双知己的耳朵。

13

全宇宙最最珍贵的事

有人不顾摔跤，不顾年老，不顾脚跛，
不顾耳聋，径直朝你走去，喊你回家，
这是全世界，不，是全宇宙最最珍贵的事了。

晚上我加完班沿着沙滩走回家的时候，看见一个老人躺坐在海边的石阶上。我看到他时，他正挣扎着站起来，撑着拐杖，一瘸一拐朝海里走。

因为不确定他是否需要帮助，我就在不远处跟随着。靠近大海，老人就扯着嗓子喊起来，是在喊什么人回家。跑海的人里有个大孩子应了一句，但似乎没有回家的意思。

老人跛着脚走着，一遍一遍地喊“回家吧，回家吧”，风把他的声音撕成一小条一小条的。

我不由内心焦灼，但下一刻，意料不到的一幕发生了。海里那个什么人飞快地跑向老人，他手里晃动着明晃晃的东西，拉住老人，脸碰脸地合影自拍。整个夜晚的大海都明亮起来，似乎在齐声传诵乐章。

“这个瞬间妈妈觉得好幸福呀，觉得特别特别想回家，想我自己的爸爸。”这个夜晚的最后，我把这一天的经历说给米尼听，因之总结说，“我爸爸也是这样对我的。他也是这样对你的。”

“小时候，”我说，“妈妈也像你一样，觉得被催促着回家是世界上最烦的事了。”我亲了亲米尼的大眼睛，又说：“可现在，我终于知道，有人不顾摔跤，不顾年老，不顾脚跛，不顾耳聋，径直朝你走去，喊你回家，这是全世界，不，是全宇宙最最珍贵的事了。”

谢谢大海和神明，示现我如此神迹。让我知道即使自己身处重重磨难依然蒙受恩典，是最幸福的人。

14

和孩子做一场女人和男人的对谈

不要因为害怕爱，害怕被伤害，
害怕被指责，让自己消失。

和猴子晃悠着看徽派建筑，猴子总结说："以前的女人多好，住在没有窗的房子里，等远游的丈夫回来，面前放一面镜子，心如古镜。你看，多好。"

我瞄了他一眼，吃惊地说："放心吧，我不会这样的。再不济，也会自己出门找点儿乐子。"

吃饭的时候开玩笑，猴子便和米尼说："妈妈工作，搞不好会和男人手牵手呢。"

米尼用力地看了我一眼，说："粲然，你怎么这样！哇，你怎么这样？"

猴子且笑，拍拍米尼的肩说："蛾子（儿子），谢谢你站在我这边。”（我真是被他们父子惊呆了！）

夜里洗澡后，吃着瓜果，我和米尼聊起天来。

“我不喜欢你说那些话。但我很好奇，你是怎么想的呢？”我看着这个小男孩，柔声说。

米尼托了托眼镜，稚气地说：“如果粲然和别的男人玩，这个家庭会支离破碎，猴子会伤心的。”

他已经长这么大，有自己的社会逻辑了。真是可爱呀！我小时候也有过这样的担心呢。孩子们到底为什么会有这些担心呢？

“我理解你，但我还是会和别人玩。不仅和男人玩，也和女人玩。我要去无尽的世界，和无尽的人玩。”我眼睛发亮地看着他，吐了吐舌头，“可能我会爱上其他人，我也做好了准备！”

“哼！”他说。

“我不觉得跟谁结婚，就只能跟谁玩。”我也哼了一声，“可能以前的人是这样吧，但以前的人只能活到 70 岁，未来我们都可以活到 100 多岁。你想想，100 多年只能跟一个人玩，这多可怕！”我说。

“问题是，”米尼无比严谨地说，“你决定跟别人玩的时候，可能根本不知道自己能活到 70 岁还是 170 岁。这就是个借口吧。”

他这样慢条斯里地避开陷阱，真是又可爱又聪颖。我忍不住亲了他好几下。

“好吧，的确和活多久关系不大。”我老老实实承认说，“我只是要告诉你，一个女人去工作，就怀疑她是和别的男人一起玩，这是不对的。以及，哪怕一个女人和别的男人一起玩，我觉得这也没什么好指责的。这就是我的想法。”

“可是，（这样）家庭会支离破碎，猴子会伤心的。”他又说了一遍。

“我不喜欢这样的说法。”我干脆利落地说，“女人会对家庭犯错，会让男人伤心——几千年前，男人就这样指责女人。米尼，你知道的，每一个错误都不是由某个人独立承担责任的。家庭破裂、男人伤心，不应该只是女人的错。”

米尼停了停，他用小手捻起一颗葡萄，短短地叹了口小男孩的气。我又忍不住想去亲他。

“米尼，我也有过这样的时候。”我看着他的眼睛小声说。夜晚安静，我们的声音在这山中学校里，几不可闻。“我小时候，有一小段时间，也害怕妈妈出去跟别人玩，抛下爸爸和我。”

我把食指放在嘴唇中间，做了个嘘的手势。

“为什么会这样想呢？大概是因为我妈妈和你妈妈都太美，充满好奇心，生气勃勃。即使很小的孩子，也能够感觉到这一点吧。我们的妈妈都很了不起呀！”我笑嘻嘻地说。

他看着我，眼里闪着温柔的光。真好呀！米尼爱我，我爱米尼。

“不用担心这个，米尼。”我朝他俯下身说。

小时候，我有没有在心灵里绕过弯路呢？且让我也来回答那时候的我自己。“害怕家庭支离破碎是小朋友的恐惧。我答应你，我绝对是称职的好妈妈。最爱你，保护你，以你的利益为优先。你是安全的。”我说。

以往当我说起这些话，他会靠进我怀里。但此刻，他只是拍拍我的肩，安静地叫了我一声“粲然”。他真的长大了。

“米尼。”我握住他的手说，“害怕男人伤心，是男人世界的逻辑。我是一个女人，米尼，我来告诉你女人的逻辑。”

他抬眼看着我。我用力点了点头，笑起来。

“我还期待着去和很多人玩，还期待去爱很多人，认认真真地爱。就像爱猴子和你一样，我要老老实实对待我的心和我的命运。如果认真而且广阔地爱过，好好玩过游戏，没有人会伤心的。”我说。

一束烟火擦亮所有过去的时间。有一瞬间，我看见自己朝过去千百代女人转过头去，并在那里看见小时候的我的脸庞。

“不要因为害怕爱，害怕被伤害，害怕被指责，让自己消失。”我最后说。我的孩子一定听不懂这句话，但这是一句结语，说完它，被咒语打开的世界才能关闭。

现在我又回到这片老村落，回到我孩子身边，他抬头看着我。刚才发生的重大魔法，有多少映照在他心上？也许就像燃烧后的灰烬，存落一点儿，就足够未来蔓延。

我把一颗葡萄放进他嘴里。再过不久，他就9岁了。他是真真正正的、最好的小男孩。

“刚才那些话，米尼，我不是为自己说的。”我一字一顿地说，“我是为所有女人——阿嬷、妈妈、阿姨、姐姐、小女孩说的，说给你和所有男人听。”我又忍不住俯过身去，亲了亲他。深吻绵长，爱是无法改变的。

“我们，”我非常非常温柔地说，“我们爱你们。”

这个男孩吞下第二十颗小葡萄，用小手指擦了擦嘴唇，然后抬起脸，回答我：“粲然，我理解你。我觉得我能理解。我建议你和猴子也谈谈这些。我想他也会理解的。”他代表男性世界充满期待地回答我。

15

让时间慢下来的魔法

你觉得时间难过的时候，你想用力摆脱时间的时候，时间也在用力摆脱你。

一天晚上，我默默哭了一会儿，实在太困了，就昏睡过去。过了不知道多久，有人握了握我的手。睁开眼，米尼正沉静地看着我，我下意识地摸了摸自己的脸，眼泪都干了，但是还有泪痕。

“你怎么还不睡，怎么了？”我坐起来看看时间，弯下腰帮他脱袜子，“是看了让你害怕的书吗？快睡吧。”

“粲然。”米尼说。他在严肃地说起自以为的大事时，总这样叫我。

“怎么了？”我吸了一口气儿，心虚地问。

“被孩子发现因为工作累哭也不是什么坏事”我暗自勉励自

己。“反正我也不是那种坚强的大人”我又赌气地想。

我看向他的眼睛，他眼里满是郑重其事。

“到底怎么了？”我又问了一遍。

夜已经很深了。开春以来，他睡得越来越晚，大人们也不再为此鸡飞狗跳。“为什么要早起呢？”“什么时候开学呀？”“为什么不能出门玩？”面对这些无法提供答案的追问，大人会事先做一些微妙的妥协。

“没事吧，对不对？”我又说。我发现自己依然陷在天罗地网一般的忧心忡忡里。这段时间，每个深夜，这样的自问就像拽紧井绳，把提桶丢进深井之中，深渊之下传来“扑通”一声，身体连带感受到下坠感，让所有成人惊惧。

9 岁的孩子依然沉静地看着我。然后他举起右手，摆出四指握拳，拇指跷起，像一个打火机式的姿势。

“咔嚓嘀嗒。”他按了按拇指说。

“嗯？”我说。

“你也可以两只手做。”孩子说。这回他把两只手举起来，都是四指握拳，拇指跷起，两个打火机的姿势。

“咔嚓嘀嗒。”他认真地说，并同时用力按下拇指。我俩等了一会儿。

“哦。”我说，“已经很晚了，我们都得睡觉了。”但他打断了我的话。

“这是我发明的魔法，粲然。”他说，“一个时间魔法。”他看着我，一片至诚。在夜灯下他的脸发着光，让我意识到我眼前的，的的确确是个大孩子了。

“我的意思是说，一天一天过得很快。如果你经历的时间里，有你想慢慢度过的，想让时间慢下来，就用这个手势。”他又做了一遍，“咔嚓嘀嗒。”

“这是我自己发明的魔法。我觉得它很灵。”孩子咧开嘴笑了笑，又马上恢复严肃的表情说。

“哦。”有一会儿我不知道该说什么，“这段时间，也有你想慢下来的时候吗？”

“经常有。”他想了想又补充说，“只要觉得时间在走，都会想让它慢下来的。不过这个魔法别用得太多，我怕用多了，它就不灵了。”

“你什么时候想时间慢下来呢？”我忍不住好奇，“打游戏的时候吗？”我又刻薄地问。

“哎呀。”他扭捏了一下说。

我内心愧疚，急忙打圆场：“我是说，怕黑的时候、做噩梦的时候，你可不想时间慢下来，对不对？”

“那的确是的。”他用他特有的文绉绉又慢条斯理的口吻说。

“可是粲然，”这会儿他已经做好睡前准备，爬上床钻进被子里，“这个魔法我试过很多次，我得告诉你一个秘诀。”他打了个哈欠说。

“什么秘诀？”我揉揉他的脸问。

他从被窝里伸出一只小手指说：“这个秘诀是，你觉得时间难过的时候，你想用力摆脱时间的时候，时间也在用力摆脱你。”

这会儿，夜灯已经灭了，可他的脸突然在黑暗中熠熠发光，像一个真正的魔法师。

“你不能从时间里跑开，粲然，你只能让时间慢下来。”他说完握了握我抚在他脸上的手，闭上眼，一会儿就打起小呼噜。

现在只有我一个人坐在这海边的夜里。已经很晚了，时针指向十一点半。在过去无数个海边的夜里，我传授给孩子无数“魔法”。今天，他却把他的魔法给了我。这个海岬角的结界被打破了。它不再是一个普通妈妈徒手建立的魔法王国。一个对世界和心灵拥有理解的、全新的魔法师问世了。刹那间，周遭万籁俱寂，而我听到无数海潮奔涌之声。

“米尼，这个魔法太好了。我觉得很荣幸。”在他的小呼噜声中，我回答。然后，我把两只手举起来，皆四指握拳，拇指跷起，做出两个打火机的姿势。

“咔嚓嘀嗒。”我认真地说，并同时用力按下拇指。

这是一个濒临崩溃的夜晚，但此刻，我满心至诚，想让它慢下来，记住它、留下它。因为米尼魔法师说得对，不能从时间里跑开，只能如实地转过身，慢慢地面对时间，以及时间裹挟的所有无常。只有这样，它才能成为真正的时间，真正的人生。

那晚到了最后，因为一个魔法师的帮助，我又面对疆场，拿起了我的剑。

16

“沙包儿子”的妈妈，想和童心世界握手言和

孩子有能力感知事件最内核的真相，
有极大的能力和我们共情。

米尼还小的时候，我妈带着米尼和几个小朋友出去玩。回来时她脸色很难看，用方言对我说：“伊搁再被欺负了。伊搁再给小朋友打了。伊搁再无还手。”（他又被欺负了，又被小朋友打，又没还手。）然后就比手画脚地说起哪个小朋友打米尼，米尼又怎么愣了愣，继续和人玩得欢，我妈又是怎么心里气不忿儿，憋到内伤。

就这样，我妈已经是经过我多次“洗脑”，全家达成共识，尽量不在她面前提及“被小朋友打不还手”的事。只不过我妈舐犊情深，在三四岁孩子群里，看着自己的爱孙面对随时可能迎面而来的“啪啪啪”耳光，仍旧心里窝火。她用米尼不大听得懂的本地话在我面前抱怨了一通，我笑着听。

在我妈神情戒备地谈着孩子群发生的事情时，米尼只是埋头在一旁玩着小汽车。在大段大段的叙述中，米尼时常会听到他熟悉的同伴名字，听到朋友的名字，他来回推拉小汽车的手就会缓一缓。

我妈叽里呱啦地说完，大力踩着楼梯上楼换衣服去了。米尼走到我身边，乌黑的眼睛看着我，问："阿嬷是在说我吗？"

我俯下身，握住他的手说："不是呀……在外面玩了那么久，我们去泡个热水澡好不好？"

"好！"他说。

这时候的米尼，三岁两个月大，性格温和，在与同龄人交往中从没动过拳头，倒挨过不少打。没当妈妈之前，我本来以为有个温文尔雅、像天使一样老没心没肺笑着的孩子，是件非常幸福的事。没想到进入米尼社交敏感期后，进了幼儿园和孩子堆后，怎么对待他被打、怎么对待他打不还手这件事，倒成了我们家的一个心病、一场修行。

那天晚上的卧谈会，他主动跟我谈起早前发生的事。

"妈妈，"他说，"阿嬷下午对我凶脸了。"

"嗯？阿嬷为什么对你凶脸？"

"因为我不穿外套。我觉得很凉快。阿嬷说'会感冒的！会感冒的！'……然后，她就打我。她打了我。"

“你怎么想？你的感受是什么？”

“我很难过。我很难过。”他皱着脸说。

“然后呢？后来又发生了什么事？”我抚着他的背，继续问。

“我手上拿着小汽车，她抢过去丢了。我去捡，她又丢了。她老是把我的小汽车丢掉。”

“是这样呀。那你怎么想呢？你的心怎么说？”

“心里很难过。”他皱着眉说，“她看到我难过的脸了。”

“谁看到你难过的脸？”我继续问。

“阿嬷。”

“哦，是这样啊。阿嬷看到你难过的脸，说什么了吗？”

“她笑了起来。哈哈哈……这样。”米尼回答。

“你不喜欢她在你难过的时候笑吗？”

“不是。”米尼说，“我喜欢她笑。她笑起来，就不是凶脸了。”

这样隆冬的夜，听完他说的这些话，我把脸贴在他认真的小脸上，他的脸又烫又软又甜，让我想起最澄澈的蓝天上被太阳照耀着的软绵绵的云。

在三岁左右，我和米尼开始了每夜的卧谈会。卧谈围绕追溯前事、疏导情绪和故事接龙三个部分进行。无论谈及什么内容，我们涉及最多的问题是：

- 发生了什么事？（怎么看待和面对事件本身）
- 你的感受是什么？（情绪）
- 你想怎么做？（解决之道）

之所以每夜进行这样的畅谈，是因为我认为，对三岁的孩子而言，这样做非常重要，甚至是影响孩子一生的课业。这样的畅谈涉及如何面对芜杂的人生；如何直面、接纳进而合理驾驭自己的情绪；如何思考解决之道。以上林林总总，概而言之，就是孩子该怎样在家人的爱与安全感的支撑下，全然接纳逐渐形成的自我。

以前，我认为作为妈妈，辅助和引导孩子“成为自己”这件工作非常容易——只要爱他就够了嘛！但现在我才慢慢意识到，自己错得有多离谱。

那天晚上的卧谈会，看起来是米尼对我抱怨了一通“阿嬷粗暴对待他”的过程。但还原那天下午的情景，米尼说的并不是真相。那天下午的情景是这样的：

- 他被一个小姐姐打了。（“她打了我，她打了我！”）
- 有个小哥哥不断地把他的玩具小汽车丢掉。（“我手上拿着小汽车，他抢过去丢了。我去捡，他又丢了。他老是把我的小汽车丢掉。”）
- 回家路上起了风，我妈要他穿上外套，他不肯穿。（“因为我不穿外套。我觉得很凉快。阿嬷说‘会感冒的！会感冒的！’。”）

但在米尼的叙述里，三件事被交织在一起。阿嬷成了主线，成了“罪魁祸首”。

长期从事孩子个体跟踪的我自然知道，在同龄人当中，米尼属于表达能力普通的孩子。他三岁两个月时，基本能完整地叙述一件事情的起因结果，能比较清晰地感受自己情绪。但是，这个晚上的卧谈会，他所复述的内容和真实情景差之千里。

为什么会出现这样的情况？很多大人在这种时候会认为是“孩子乱讲话”。

孩子真的在乱说话吗？他想表达的是什么？我暂且放下大段的儿童心理论断，只凭母亲的直觉去揣测孩子的心。

晚上，米尼睡着了。我支着手，在他沉稳的呼吸声中看着他，另一个“真相”隐隐浮现在我心中。

三岁的孩子，还在用感受阅世。那个下午，有某种感受冲击了他的内心，强烈改变了他对周遭事物和环境的看法，甚至使他的记忆发生混乱。

这个感受，就是我妈的情绪。我妈这个“御姐”，就是那种自己人受了欺负，就会长啸一声，策马狂奔，立于长坂坡前砍杀千军万马的人。她这样一位足以“令黑道闻风丧胆”的角色，偏偏遇上我爸、我和米尼这样三个“绝顶斯文人”。

据说，在我成长过程中，她就因为我不争不抢，多次被憋到内伤。但当时她是个年轻妈妈，肩负着把我调教成“淑女”

的重任，并不会总是追根究底。现在她年纪渐大，最爱的也就是米尼这个小外孙，加上幻想着把外孙调教成“铮铮铁汉”，看到小丫头动不动就劈头盖脸给爱孙一耳光，她难免“怒从心头起，恶向胆边生”。

然而，我妈也是个见事极明的人。她也知道不能和三四岁的孩子计较，知道小丫头打人可能并不是因为“不喜欢你外孙”，刚刚打闹过的孩子又头碰头玩一块儿了。最后只有她窝了一肚子火，面上还要强颜欢笑。那天下午，我妈的情绪一定紧绷到极点。米尼真真切切地感受到了她的情绪。

大人“心里火大，表面上笑得欢”，对一个刚刚开始学习和情绪合理相处的孩子而言，一定是一件非常困惑的事。米尼全身心地沉浸在这个混乱的“场”之中，感受到我妈对欺负他的小朋友的“愤怒”，感受到我妈“怒他不争”的愤怒。

这些来自至亲、突发、强烈的情绪，像重物落地一样，恶狠狠地砸在他心上。小说里“纷扰的瞬间，每个人都在嚷嚷，我眼睛一黑，什么也想不到，什么也听不到了”这样的描写，几乎可以套用到那个下午的米尼身上。所以，他最后说的话才最接近真相——“阿嬷笑了起来，她笑起来，就不是凶脸了。”

也许就在那一刹那，米尼感受到我妈的某种释怀，因为我妈的微笑和欢乐，他的心也放下来了。

这个夜晚米尼的描述，给了我极大的冲击，让我觉得需要花费那么多笔墨，把它全然记录和解释在案。

我们总是认为，无论发生多大的事，无论大人内心怎么看待这件事，只要“维持表面和平”，孩子就会懵懵懂懂地过他们的小日子。实际上，当我经历了与孩子长期的共同成长后，得到的结论却全然相反。孩子有能力感知事件最内核的真相，有极大的能力和我们共情。

最后，像《情感依附：为何家会影响我的一生》一书所得出的结论那样，在漫长的厮守岁月里，经过林林总总、光怪陆离、一地鸡毛的情绪细节，孩子从困惑走向接受，从接受走向顺应，他终将内化和复制家人的“人格”。

我这样写，并没有指责我妈情绪的意思。相反，我非常理解她，理解她的爱，理解她的失控。

三岁，孩子的自我开始“显形”，同时，他们开始走向自己的社交场。很多时候，我们会大吃一惊：天哪！原来他（她）是这样的孩子。他们的所作所为，有时有源可查，足以让我们反思自己；有时查无实据，于是，我们把它归因为“天性”。

这时候，我们能做什么？我们的确如自己之前所说的那样，能如实地、欢天喜地地、百分百地接纳他，百分百接纳作为另一个人的“他”吗？这是一个疑问。我就因此失控过一次。

因为米尼老和小朋友在一起玩，被欺负时有发生。我几次看见小朋友推他、骂他、不许他参加游戏。有一天晚上，我觉得这事超出了我的“耐受力”，站了起来，含着眼泪，浑身发抖地跑出去给我先生打电话。

那段时间，我非常难过，即使难过，我也坚持不在米尼面前说什么，坚持让他为自己的人生做主。但我深深地知道，这样做，还不够。我得说服自己像米尼那样，在心里放下这些纠结和难过。这非常难。

我这才发现，在孩子进入社交期之初，最难熬的是那些“总是被打”的孩子的家人，以及那些“总是打人”的孩子的家人。前者牵肠挂肚，要惦记着成人社会的公平、善恶原则，又要担心着孩子在社交场上受挫，还要鼓励孩子做自己情绪的主人，自由地决定自己的人生。后者担惊受怕，一方面担心把别人的孩子打坏了，另一方面忧虑这样的孩子以后会不受人喜欢。同时这样的家长还老是自省，想不通自己做了什么，让孩子如此戾气十足。

这些孩子促使家人不得不去做更深入、更大的修行，不得不用另一个方式去和社会的另一面握手言和，甚至是自己之前绝对不会采用的方式。

我度过了称得上“痛苦”的一段时间。这种“痛苦”，并不是指目睹米尼老被那几个孩子欺负的感受。其实，不和这些孩子玩，再找些“斯文”的孩子交朋友，事情就过去了。这种“痛苦”，指的是我怯懦、计较的内心。

在之前的卧谈会，通过故事接龙，在他自己选择叙述的情节中，我深信，米尼有力量面对大孩子的挑衅。但这种深信，在日常细节中，还是显得脆弱且不堪一击。

作为一个软弱的妈妈，说出来不怕大家笑话，我甚至因为害怕自己的孩子被欺负而慢慢对“气势汹汹”的孩子心怀敌意。这样的情绪，看起来在逻辑上也成立。

很多朋友都对我说过：“我就是只爱我孩子，看到没规矩的熊孩子都烦得要命。”“不喜欢有恶意的孩子，没什么错。”

可这事轮到我身上，却让我感到很真实的痛苦。这个痛苦不是因为米尼，而是因为我自己。

“喂！这位大嫂！因为自己的孩子在嬉闹时被打，就对孩子的世界全神戒备。这样的人生，是你看得起的人生吗?!”

在有米尼之前，我喜欢孩子。我不是说我只喜欢孩子的善，而是说，我喜欢孩子的坦白、不加掩饰、自然而然的“恶”，尊重他们对善和爱的感知能力，因为他们与天地神秘且亲密的连接而肃然起敬。

我喜欢孩子，也不是说我指望他们喜欢我。我不习惯像“需要确认存在、需要邀宠的大人”那样在他们边上晃悠。我只是喜欢和他们一起过日子，一起各玩各的（或者和他们一起乱玩）。我喜欢像普通人遇到普通人那样跟孩子们交往，对他们仗义执言，向他们求助，听取他们漫无边际的意见。我真心喜欢这样一整个毫无逻辑、乱七八糟却神幻闪亮的童心世界！

但是，在米尼进入社交期，挨了几下打后，我就和这样整整一个世界产生近乎无法弥补的裂痕，这样的事让我痛苦。

带我慢慢走出自己这段强烈情绪的是三个人。

第一个人，是经常打米尼那个小姐姐的爸爸。不知道算是不幸还是幸运，米尼从没挨过陌生孩子的打，倒是相熟朋友家的两个常有机会在一起玩的孩子，相处的日子多了，情绪来了会给他来一下子。其中一个小丫头比米尼大一点儿，长得甜美可人，骨子里却是“一丈青扈三娘”级别的。当她施展起“吼功打功”时，这群三四岁的男孩都瞠目结舌，退避三舍。

作为“沙包儿子”的妈妈，有段时间，在我心里，她是“重点警戒对象”。不怕人笑话，那段时间每当他们一起玩，别的家长怎么想我不知道，我心里马上升起一个“远红外线布阵图”，虽表面装作毫不在意，实则发射各角度视线，重点圈定“小姐姐活动区域”和“米尼活动区域”。他们俩一旦发生交集，我头脑里马上警报大作，全身进入警戒状态。

听起来好像谍战片剧情，有种无奈的喜剧效果，但像我这样软弱的妈妈，这是的的确确经历过的捉襟见肘。

我失控的那个晚上，带上米尼仓皇出逃。事后，小姐姐的爸爸给我留了言。他没有叽叽歪歪地说些“代我的孩子向你和米尼道歉”之类的话，只是说：“他们会成为好朋友的，你不要担心。”

当时我心里马上冒出来的话是“没有做好朋友的必要吧”，以及“不要说这些，好好管教一下你的孩子，吊起来打什么的最好了”。

以前，我总以为"打人、害人、欺负人"的肇事者是错的、是绝对可恶的，可在我的那些念头里，我深深地惊讶于"受害人"的怨恨和怒气。原来"受害人"也有一种恶，会给打人的孩子贴上"坏人"的标签，这种恶隐藏得更深、更不容易被发现。在成人世界里，这种"恶"有时候还会被误读为"正义"。

我们有没有用这种"受害者的恶意"伤害过自己的孩子、别人的孩子？

不过幸运的是，"打"米尼的两个孩子都来自我认识且信任的家庭。后来，几家家长都付出了许多心力和努力来一起面对这个问题。

有一次，我和"一丈青小姐姐"的爸爸凑巧在一个饭桌上。他突然对我说："我们也觉得很困扰，我和她妈妈都不是这种性格的人，我们也希望她能跟人更好地相处。"他略带尴尬的表情，但用平淡的口吻说了这句话，却一下把我从"受害者的怨气"中彻底解脱出来。

道歉会一再加重我潜藏的"受害者心理"，而这种诚诚恳恳的"交代"却提供了一个全新的角度，让我体会到另一层面的、对方的痛苦。直到现在，我仍然抱着"米尼和小姐姐以后能不能做朋友，都由他们自己决定"的想法。

但本着父母之心，我和她的父母又像站在同一个战壕里。我再度毫无成见地意识到，抛下谁欺负谁的当下计较，我们面对的是同一个年龄段的孩子、同一个问题，即如何引导他们认知情绪、掌控自己的情绪，进而理解规则、了解自我。

“打人孩子”的父母和“被打孩子”的父母因循自己的经验和回忆，总会对“孩子打架”这件事抱有许多不同的态度。有人会深感负疚，有人会认为失了颜面，有人会气急败坏地觉得被深深伤害，也有人会觉得无足轻重付之一笑……对孩子来说，幼年的打闹很容易遗忘，但成人对这件事复杂、态度起伏的情绪，才是他们的真正的人生谜题。因此，为了让孩子们对“打闹”这件事形成一致的认知，成人需要达成共识，让孩子起码了解以下 5 件事：

- 你需要遵守规则。
- 肉体受到伤害是让人痛苦的事。
- 一再触犯规则会受到协商一致的处罚。
- 无论你是什么秉性、在什么情绪中、触犯过什么规则，还是心藏大恶抑或过分怯懦，在整个社会群体中，你都是有价值的，你都会得到尊重。
- “公平”不是强加、敷衍、从不悔改的道歉，而是一种规则、一种契约精神。

只有在这种多元的、多面向的、同时又相对一致的语境里，孩子才有可能对“打和被打”这件事有一个较为全面的认知。

但在现实生活中，孩子往往只会接收片面的信息。“被打的孩子”的父母唠叨着“下次有人打你，你就还手”“以后小心点 ××× 孩子，别跟他（她）玩”，“打人的孩子”的父母反复叮咛“下次打人就教训你”“你再打人没人跟你玩了”“我们怎么生出你这种爱打人的小恶霸”。大人以戾气、抱怨，甚至诅咒来掩盖自己的痛苦、恐惧和窘迫，我们还能希望孩子得出怎样的结论？

第二个带我走出那段痛苦情绪的人，也是最重要的人，是米尼。

在以往很多次为了这种事的对话中，米尼清晰地看到自己的内心。他理解并能主动阐述自己“被打”时的情绪（“很难过，心怦怦跳”），知道自己“不是”什么，“不要”什么（“他们叫我大笨蛋，我不是大笨蛋”）。在心理模拟式的故事接龙里，他表现出为了心愿可以冲破阻挡的决心（“我要去找士兵，我会用尽全身力气推开他”），他会用稚嫩的话语表达自己的放下和宽恕（“妈妈，你有太多感受，都放下吧”“推开欺负我的大孩子后，我会和他做好朋友”）。他甚至真的和幼儿园打过他的大哥哥成了最要好的朋友。

我们全家一再察觉他内心的决定，但又一再选择只相信大人自己的眼睛，漠视他的力量。最后，我听到了开头写的米尼对我说的那段话，感受到了他内心极大的混乱和困惑。

我想，看到并听到这些话的大人，很难不像我一样，有“猛见真相”的震惊。

一直以来，我们只是一味沉浸于“孩子肯定需要我”的“沙文主义”自信中，沉浸于“我要向孩子宣讲善恶”“这个社会务必惩恶扬善”的成人的正义感之中。但真正会对“打人的孩子”和“被打的孩子”造成巨大冲击的是什么？是孩子之间的“打”，是大人强烈、紧张、表里不一的情绪，还是武断的、冲动的“贴标签”式的定义？

我现在在这里写着，我是“被打的孩子”的妈妈，我有个“沙包儿子”，可我能感到米尼有个小小的自我在那里大声喊：“妈妈，我很有力量！”“我是大大的人！”“被人欺负时，我虽然很难过，心跳得很快，但我从来没有害怕过、从来没有逃跑过！”

我现在在这里写着，小姐姐是“一丈青扈三娘”，可我也能感到小姐姐有个小小的自我在那里大声喊：“不对，我很会照顾别人！”“别的小朋友难过的时候，我都是第一个跑过去的。”“虽然我经常打人，但我回头还会找他们玩！”

我知道他们说的都是对的。

第三个让我终究能摆脱“受害者心理”，迸发出和童心世界握手言和的勇气的人，是我自己。

一个周末的中午，米尼在家里午睡。那段时间，一到周末我就有点儿担心，因为周末意味着几个同龄小朋友的家庭会聚在一起玩，去之前我就开始紧张，不知道米尼又会受到怎样的“虐待”。

我躺在他身边，听着他沉稳的呼吸声，看着他的后脑勺和耳郭，突然想，我再也不要过这样的日子。就算跟那几个家庭绝交，我都不要再做这样的㞞人，不要这样担惊受怕。我要开开心心地和米尼享受周末，我们自个儿玩也很好。可我马上又意识到，我依然是个尿人。

米尼马上要进入交友更广泛的社交期，认识越来越多的朋友：伤害他的、被他伤害的；欺负他的、被他欺负的；依附他的、被他依附的；比他强壮的、比他弱小的……

为他营造一个“千里独行”或者“众星捧月、万般宠爱”的环境，在当下当然不难。但是，这只是把一个人真实需要面对的人生、需要闯荡的天地、需要面对的痛苦和欢乐推后而已。越推后越不真实，他日摆在孩子面前的问题就会越多。

我的意思不是说，他非得在受人欺负的环境里磨炼自己，非要和欺负他的人成为好朋友，而是说，经过那么长时间的怯懦和痛苦，我突然找到了自己，跌打滚爬地返回了原点。我愿意和他一起面对变幻莫测的未来，愿意尝试放下自己的不安、戒备，发自肺腑地鼓励他决定自己的人生。我要放他更自由一些，更重要的是，放我自己更自由一些。

谈起这个话题，无论在网上还是在讲座中，许多父母都要求给个“解法”，我也只是个刚刚有力量放下心结的新手妈妈而已。如果说“解法”，也只有以下 5 点是对我而言比较有效的方法。而且，这些方法都需要弥散在长期的日常生活中，绝不是一蹴而就、即见成效的。

1. 从两岁开始，父母即着手协助孩子进行自我情绪认知

两岁后，孩子的自我开始萌芽，在很多陌生、一拥而入的情绪的夹杂之下，他是迷茫失措的。什么是愤怒？什么是内疚？什么是嫉妒？什么是挫败感？什么是害怕？……只有他体察进而理解自己的情绪，才有可能正视和接纳自己，才有可能恰当地处理自己的情绪。实际上，有许多成人至今无法和自己的情绪和平相处，正因为人生自我第一课的缺席，他们才会陷入迁怒、压抑、过分焦虑等情绪误区。

2. 确定物权意识为家庭规则中最重要的一点

“谁的东西谁有权利使用”“谁先得到的东西，他人要使用时需要获得同意”。只有在物权清晰、公平，并真正征得孩子的同意时，分享才是真实的、发自内心的，而非迫于大人的压力和情面。

3. 在发生打架事件时，尽量让孩子自己解决

如果需要父母介入，要避免单方面父母的介入。我并不是怀疑个人的公平性，而是双方父母在达成默契后介入协调，不仅能避免互相的怒气，而且使事情仅限在孩子群体中得到解决，不会扩展到成人世界。这有利于双方父母放松心态，更重要的是，让孩子更全面完整地了解成人的看法。

4. 故事接龙和情景演练是非常有效的方法

父母可以在“演”中引导孩子讲出自己的情绪（纾解）、寻找自己的解决之道（解决），赋予孩子每个行为正面的解释。比如：“你要用玩具枪射击陌生人，不是因为你想让别人受到痛苦的伤害，而是你想依靠某种有力量的东西，让不安全的因素消失。”“你打人，不是因为你是坏孩子，不是因为你爱攻击别人，而是因为你身体里有一个巨大的力量，这个力量不知道要到哪里去，我们一起想办法为这股力量找到出路。”

这些方法需要反复进行，但不是每天紧张地、如临大敌地进行。大人需要引导孩子大胆说出自己的想法，但不需要在这些想法上武断地纠正纠偏。像面对你自己心里的恶一样，让孩子将心里的恶自然地倾泻出来，像面对你自己心里的善一样，支撑孩子心里的善，和孩子一起寻找“别的、更好的处理”方法。

故事接龙和情景演练，最后的结果从来不是目的，也绝对不是判定孩子性格的某种标准。让孩子在过程中看到真实的自己，共情他人的感受，积极考虑解决之道、处世之道，才是最重要的、关于心灵的修行。

5. 帮孩子消耗掉多余的精力

这最后一点是一位资深瑜伽老师给出的建议。她认为许多“打人的孩子”是身体力量型的。在有效的情绪认知、规则界定的前提下，引导和鼓励他们多从事体能运动，消耗掉多余的精力，能帮助他们和身体更和谐地相处。

实际上，除了以上“解法”，还有一些话，我想对自己和处在孩子社交困难期阶段的爸爸妈妈们说。

在年少时期，我非常喜欢一本书，叫《发条橙》。

这本书讲述了一个生活在英国未来社会的问题少年，由于青春期躁动走上犯罪道路，受到社会制裁后被剥夺自由意志。经过改造，他重新融入社会，完全丧失了为恶的能力。然而他意识到，自己不过是一个“善于分泌甜味、挤出最后一滴橙汁”的发条橙……

19 岁的我坐在马桶上翻着这本书，看到主人公遭受非人道治疗，成为彻头彻尾无法为恶的大善人时，竟然号啕大哭。究其原因，是我认为在弥散着强烈力量的年轻生命里，为恶的自由和为善的自由是一样可贵的，一样不容剥夺的。

当时的我虽然是个腼腆的小姑娘，却也模模糊糊地意识到，对问题孩子进行“社会道德阉割”也是一种让人无法忍受的恶。

我想，当那些年仅两三岁的“打人的孩子”被一次又一次粗暴强硬地喊着“你住手”“你再打小朋友回家我抽你”“你就是欠爹妈管教”而毫无其他解决之道时，心中懵懵懂懂地也会感到这样的痛苦和不解吧。而那些“被打的孩子”被一次又一次逼问着“你为什么不还手”“叫你别跟 ××× 玩了”“你这么㞞以后长大会被人欺负，懂不懂”时，心里又会怎样紧张害怕？

作为“沙包儿子”的妈妈，之所以同时为两类截然不同的孩子说话，是因为我不能跟整个童心世界隔绝。如果我现在缩回去，我就和我的孩子、我的米尼隔绝了。

他日我无法承受他成为被伤害的人、被欺负的人、依附别人的人、软弱的人，同样无法承受他成为伤害人的人、欺负人的人、被依附的人。

我不要和我的孩子隔离，我要擦亮眼睛，和他一起看我们各自人生的每个当下。

19 岁，我还喜欢另一本书——《麦田里的守望者》。塞林格在这本小说里说了段广为流传的话，大致内容是：

> 有那么一群小孩子在一大块儿麦田里做游戏。几千几万个孩子，附近没有一个人——没有一个大人，我是说——除了我。我呢，就站在那混账的悬崖边。我的职务是在那里守望，要是有哪个孩子往悬崖边奔来，我就把他捉住——我是说孩子们都在狂奔，也不知道自己是在往哪儿跑，我得从什么地方出来，把他们捉住。我整天就干这样的事。我只想当个麦田里的守望者。

当时，我和所有“青春捍卫者”一样，觉得这段话超酷、超贴心、超体己。我多次把这段话引用在我的青春小说里，搞得跟塞林格的邻家姐们儿似的。而做了妈妈，我才意识到这句话中有多么深的无奈和悲伤，蕴藏着那么多隔绝、误解，必须有为，以及无能为力。

每个身体力行新教育的父母，包括我在内，体内都蕴藏着一个社会改良的小小希望，相信世界能发展得越来越好，相信自由、平等、公正等普世价值会最终福泽我们的后辈。然而，在孩子微小之恶面前，我们始终缺乏正确的勇气和措施，不是以暴制暴就是怯懦退缩。

我仍旧希望我在那里，我是说，和 19 岁的我一样，我仍旧希望我站在那个混账悬崖边，照看着几千几万个刚刚踏出社交第一步的孩子们，有米尼，也有其他孩子，有打人的孩子，也有被打的孩子。孩子们都在狂奔。要是有哪个孩子往悬崖奔来，我就鼓起勇气，疾奔朝前，一把捉住他。

一个“被打的孩子”的妈妈，想跟童心世界握手言和。只有这样，我才能真正回到米尼的“麦田”之中，真正回到我充满生命力的，无畏善恶的，向往自由、平等、公正的 19 岁。

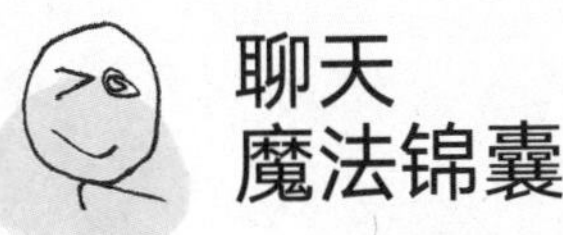

聊天
魔法锦囊

在亲子合作式对话聊天中，父母要做好四项准备。

准备一：接受“失控感”

成人习惯依靠既有的经验生活，在和孩子聊天过程中，不免带着许多“对错”评判。大人明明想好好说话、特别平和地交流，但往往三两句话就脸红脖子粗地教训起孩子来，最后难免不欢而散。这是许多家庭里常见的“沟通场景”。

和孩子聊天前，你要想象自己马上要进入宇宙航行，即将进入失重漂浮状态。你必须意识到：所有你所理解和依赖的日常评判，都可能会被打破。这种不舒服的感觉不仅你有，所有经历者都有。不要喊：“我早就跟你说过！”“谁叫你不听我的话！”“这件事得听我的！”接受“孩子的回答我控制不了”，就是掌握“失控感”。能否掌握“失控感”是聊天成败的基础。

准备二：找到好时机

聊天的绝佳时机当然是两个人心绪相对平和的时候。如果你想就某一件事和孩子深聊，一定不要在事发当口，应当在情绪过去而事件热度还在的时候进行。

准备三：代偿

我的健身教练教给我“代偿”这一概念，即当某个器官的组织发生病变时，由原器官的健全部分或其他器官来代替补偿它的功能。

日常对话中也存在代偿效应。严厉的语言暴力（如过度贬低、嘲讽、威胁等）对任何孩子都不适用。遭遇过语言暴力的孩子，要么愤怒反抗、要么伤心难过、要么自责自厌。哪怕他们当场表现得毫无表情、漫不经心，都不代表他们不在意。那些像刀子一样的话会存留在他们心里，除非被爱润泽洗涤，否则长大后他们都会用自己的方式还给这个世界。

准备四：你的经验是最好的故事

在亲子聊天前，要提醒自己少讲大道理，避免下武断结论。你认为特别有用的“正确答案”很可能正是孩子们根本没意识到，或者没经历过的认知盲区。然而，你可以准备某个让你吃尽苦头的故事，用讲故事的方式讲述你的经验。

“过去的一天，爸爸（妈妈）遇到过这样一件事……”是最受欢迎的亲子聊天开场白前三名。作为引路人，用你的经验塑造故事，给孩子的崭新经历和复杂的情绪命名，真正引导他们朝向未来。

第二部分

化解成长烦恼的魔法

怎么聊天才能更好地解答孩子成长路上的疑惑

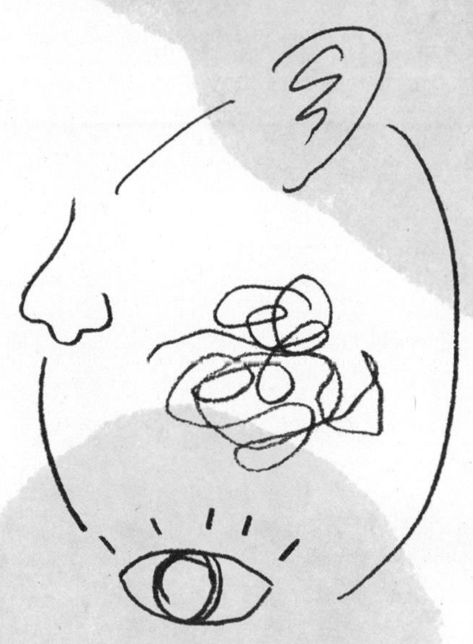

给“讨厌爷爷”的孩子一个魔法

就算我们不理解爷爷也没关系，
他把爱的魔法放进我们的记忆里了。
他会保护着我们，此生不渝。

晚上，昏暗的睡前灯下，我给米尼按摩，他安静地躺着，两相无言。虽只是初夏，台风却要到了。窗外雨声潺潺，敲打着木窗台。

“妈妈，我现在很烦爷爷，我不喜欢他了。”米尼自出生起就没有爷爷，他现在说的爷爷，实则是他外公。我爸爸4年前突逢大病，九死一生，虽最后康复，却双耳失聪、短时记忆严重减退，落下糖尿病的后遗症。这些年来，我先生多在异地，每次出门，带爷爷上厕所再带他回来的重要任务，都是由米尼担任。除此之外，提醒爷爷吃药，帮爷爷做翻译，在人群中盯好爷爷的责任，也经常落在他身上。

随着米尼渐渐长大，这孩子开始发现，和这样一位老人生活在一起，的确是不便的。

“我不喜欢爷爷了呢。”他就这样伸着懒腰，随随便便地说出来。

“嗯。”我边说边用精油把手心搓热，捂在他小肚脐上。

他在昏暗的光线下静静地看着我，全身芳香。孩子们都是人世中最甜的梦。

“爷爷呢，”我摩挲着他的肚皮，慢慢说之前说过很多次的话给他听，“在你三岁多时得了重病。你还记得那时候，对不对？妈妈天天到医院去，看着戴着呼吸机，全身肿得像绿巨人一样的我的爸爸，向心里的神祷告，请老天爷保佑我爸爸，让我爸爸回来，无论以后我爸爸变成什么样，我都爱我的爸爸，我都要我的爸爸。那时候，妈妈这样发誓。”

“这些你都告诉过我了。”米尼掉转头，打了个哈欠，说。

我一下一下按摩着他的小胳膊，继续说：“嗯。可是，爷爷回来后，耳朵听不见，记不住事，和他说话很不方便。有时候我就会着急，会很不耐烦。一方面希望爷爷活下来，陪着我们，另一方面又对他不耐烦。我做得不对。”我说。

“你们和爷爷说话经常会皱着眉头。”他淡淡地说，又打了一个漫不经心的哈欠。

“是啊。”我说，“我也是和一个耳聋又健忘的老人真正生活在一起，才知道真的很不容易。不过，米尼，”我停了停，伸出两根手指放在他眼前，继续说，“觉得和爷爷生活有点儿麻烦，和一定要和爷爷生活下去，这两种感受我都有。我仍然很爱我的爸爸。"

"哦。"他随随便便地说着，"可我不喜欢爷爷。"

"说说看，为什么呢？"我边继续按摩，边邀请他继续说下去。

"第一，"米尼想了想说，"爷爷会用很大的嗓门喊我去吃饭，吓了我一大跳，我都差一点儿哭了。"

"第二，"他又说，"爷爷每天只会催着我上学呀、吃饭呀、洗澡呀，只会做这些。"

"第三，"他学我伸出三只手指，理直气壮地说，"爷爷还什么事都一直一直问，烦死了。"

他说这些话的时候，我一直帮他按摩着右手的手心，重复着，帮他把手掌握住，再摊开。我想了想自己听完这些话会不会觉得有点儿难过，所幸还好，我知道自己得挺住。

"你说的这些我都理解。你的感受没有欺骗你，也没有欺骗妈妈。能听到你说这些，我觉得很荣幸。"我认真地看着他的眸子说。

"嗯。"他点了点头，回答我。

"米尼，"我在灯下靠近他，把手放在他额头上，庄重地说，"现在，我要给你一个魔法。这个魔法很不容易打开，我把它放在你的记忆里。你现在 6 岁，等你 40 岁的时候，再打开这个魔法，呼唤这个魔法，好不好？”

他愣愣地看着我，继而赶紧点头。“什么魔法？”他追问。

“嘘！”我示意他听我的。然后，我把脸贴近他的小脸，深切地看着他，一字一顿地对他说了下面一段话：

> 40 岁的米尼呀、
> 40 岁的米尼。
> 这是 6 岁时，
> 你妈妈对你的呼唤。
> 我把这个呼唤埋进你心里。
> 多年以后，
> 你要来寻觅。
> 6 岁时你说自己不喜欢爷爷，
> 这没有关系。
> 40 岁时，你不用因此内疚，
> 不要因此责备自己。
> 不喜欢爷爷，就不喜欢爷爷，
> 你可以做你的决定。
> 无论你怎样讨厌爷爷，
> 爷爷仍然爱你，
> 他永远爱你，
> 此生不渝。

我把这段话，一字一句说了两遍。说完，我们就沉默了。

我照旧帮他按摩。他静静地看着天花板，过一会儿，又把视线落到我身上。

他的眼神里，一种纯然孩子式的悲哀一点一点加深。但我什么也没说，我得挺住。

“我跟你说过吧，妈妈小时候，也有自己的外公。”我用被子盖住他的小肚子，回头去按他的脚。

“我外公，有一次打了我。只打了一次，但我一直记着这事。后来有一天，我要他向我道歉！他只是笑着，塞了根菜心在我嘴里。”

我抿了口床边水杯里的水，又说：“后来，大人们说我外公得了癌症。有一次，我发现他把痰液吐在墙上。我跟外婆说，外婆皱着眉，把我外公的痰液擦掉了。好恶心对吧？好恶心呀！当时我就是这样想的，觉得我的外公又老又有可怕的病又恶心。讨厌死了！后来，我外公真的死了。直到去世，他都没跟我说‘粲然对不起呀，那次打了你，外公觉得很抱歉！’。没跟我说起这个，真是太坏了！既然要死了还不道歉！我一直耿耿于怀。”

“什么叫‘耿耿于怀’？”他轻声问。

“就是一直一直很生气，不肯原谅我的外公，把怒气放在自己怀里和心上，讨厌我的外公的意思。”我也轻声说，“米尼，我这样说，你能理解吗？”

“能。”他简短地回答，“对这样的大人，我也会很生气。”

我点点头，“我外公很帅的，”我骄傲地说，“可我讨厌了他很多年。他死后很久，我还很生气。一个不道歉就去死，脏兮兮的外公，有时候就是让人生气呀。不过，有时候我也会想：呀！我怎么能讨厌我外公呢，他那么爱我。他那么老了，而且他已经死了。这样想，我就觉得自己很坏，觉得对外公很内疚。”

米尼什么也没说，他握了握我的手。

“可是，”我反过来握住他的手（“米尼！”我听到我的心在呼喊他），“直到现在，我快要 40 岁了，我突然得到了那个魔法。我知道，我可以讨厌我外公，我一点儿也不坏。我怎么想我的外公都没关系。他没有向我道歉，也没关系。”

“为什么呀妈妈？”米尼问。

我探身过去，抚摸着他的额头，说：“因为我外公爱我。无论我怎么讨厌他、爱他、思念他、嫌弃他，他都爱我。他没有向我道歉，没有说‘嗨，粲然，我要死了。我又老又脏，给你的生活添麻烦了。我还打了你。对不起呀！’。他没有说这些就死了，但他相信我会理解他。小时候不理解不要紧，长大了、老了，总会理解的。因为爱我，他带着爱努力让自己活下去，从来没有变过。”

夜灯下，我看着我的孩子。他眸色转深，在最深处一闪，是泪光晶莹。“我要挺住。”我对自己说，但再开口时，嘴角哆哆嗦嗦。

“孩子和爸爸妈妈差了二三十岁，所以，孩子的爱和爸爸妈妈的爱，差了二三十年。孩子和爷爷奶奶差了五六十岁，所以，孩子和爷爷奶奶的爱，差了五六十年。要是我们家米尼现在坐上时光机，到60年后，不，哪怕到40年后，你的孩子、你的孙子说你脏、说你臭、说讨厌你的时候，你虽然会有点儿孤独，但还是会笑起来。你还是会爱他们，一直爱他们。真想让米尼坐上时光机，到多年以后去体会这种心情呀！到那时，你就会完全理解听不见声音、记不清日子的爷爷，为什么总是笑呵呵地大声和你说话了。可是，没有时光机。”我竭力控制着自己因为内疚和痛苦而发抖的身体，仍然小声地、慢慢地说着。

“但是，没关系，就算我们不理解爷爷也没关系，他把爱的魔法放进我们的记忆里了。他会保护着我们，此生不渝。”终于说出来了，在每一天的内疚和挫败中，我都这样鼓励自己，朝着时间深处，向爸爸走去。

米尼撇了撇嘴，一个猛子扎进我怀里。我感觉到自己的眼泪如海水安静地涨潮，溢满脸颊。我们母子在黑暗中各安天命地哭了一会儿。

“我不是那么难过了，”最后米尼宣布说，“但我还是不那么喜欢爷爷。”

“嗯。”我也不那么难过了，我用手抚摸着他的脖颈说，“我理解你。”

“有什么办法，可以让我不烦爷爷吗？”顿了顿，他瓮声瓮气地问。

我想了想，提议说：“我们来玩一个游戏吧！”

“游戏吗？”米尼问。

“嗯。每天找出爷爷一个优点，表扬他一下。虽然是游戏，不过真的很难呀。依我看，爷爷现在优点不是那么多了嘛。”我皱着眉头说。

“也不会呀，用力找还是找得到的。”在黑暗中，米尼说。

我安心等着，过了很久他才又开了口：“我好困呀妈妈，不过我想出来了。你看，爷爷虽然得了很多病，但他不会得你说的那种脂肪肝。他每天都做运动，做运动的人不会得脂肪肝。这算爷爷的优点吗？算吗妈妈？”

我忍不住笑起来，拍了拍他说：“算！你太厉害了，游戏高手李米尼。”

“我也觉得我很厉害。有个没有脂肪肝的爷爷真是太了不起了。”说完，脸上还带着泪痕的孩子就安心睡着了。

18

此生最殊胜的那一天

你有没有和自己的孩子玩过这个游戏？
不仅为了告诉他，你是怎么来的，你是怎么成为你自己的？也认认真真地告诉他，哪怕仅仅是你到来了，都彻底改变了这个世界。

想不起来是怎么起的头，米尼一岁后，我和他玩起了一个叫“我出生的那一天”的游戏。

“米尼出生的那一天呀……”每当我这样说，他就会尽力蜷缩自己，缩起来，回到我肚子上。玩游戏时，我特地穿上大大的罩裙，用裙子包裹着他，他的心跳从我的肚皮上传了过来，我和他又连在一起了。

“米尼出生的那一天，妈妈事先没有准备。那天天气很好，太阳照到妈妈脸上，妈妈睁开眼就跳下床，摇醒爸爸，说：‘我们去逛书店吧！’

“这时候，消息传来，说：‘鉴于球拍状胎盘生产的危险性，今天要给你安排手术。’妈妈心里一激灵，赶紧给爷爷阿嬷打电话说：‘妈，爸，你们快来医院，我早上要生了！’

“阿嬷慢腾腾地说：‘要生了？安排手术了？哎呀，我们早上都还没大便呢。’爷爷接过电话，说：‘要生多久呀？’

“‘一个小时吧。’

“‘哦，这么快，那还好啦。’电话那头的人好像松了一口气儿。”

我隔着罩裙抚着孩子的头，轻轻地说。就算那么小，他也安安静静待在罩群里，好像又变回小胎儿，等着自己出生的信号。

我一点一点往下说，所有细节就不断浮现上来。怎么进行备皮，我爸我妈怎么争着跟大肚子的我“再合影留念一次”；躺在手术床上被推去手术时天是什么颜色的，打麻醉针时如何把身体用力弓起来；手术时医生们怎么讨论着中午的午饭；一个医生怎么惊慌地叫起来，说：“哎呀，不行。”另一个医生怎么和缓地说：“别急，我来，这是典型的球拍状胎盘。但你要这样……”；我怎么听到第一声孩子哭，于是我用什么声调小声地，循着他的哭声喊：“米尼，米尼，妈妈在这里。”

每次说到这里，罩裙下就露出他笑吟吟、红扑扑的小脸。

我看着他，他看着我，那种神奇的、初见的感觉像一道光又降临到我们身上。

“可是，我没有看到你的脸。”我依然用平稳的口吻说，“医生把你的屁股举到我面前，说：‘男孩。’我不知道要说什么，我就说：‘谢谢。’手术台上的人都笑起来。我尽力听着，你不哭了。他们好像把你抱到旁边，对你做些什么事。”

“妈妈没有和我在一起吗？”当他会说话时，讲到这里，他每每这样追问。

“没有。”我说，“妈妈还需要躺在手术台上，医生们需要处理妈妈的肚子。”我说。

“爸爸呢？爷爷阿嬷呢？”他瞪着黑漆漆的眼睛问道。

“爸爸在手术室门口等着呢，爷爷好像去买吃的和用的去了，阿嬷应该是在大便。”我笑哈哈地说，“现在，让他们自己跟你说。”

于是，家里人轮番出场。猴子又成了那个“翘首盼望”的准爸爸，听到护士叫，迎了上去，正对上米尼的眼睛。“你一直一直盯着我看，米尼，你还记得你一直盯着爸爸看吗？”猴子问孩子。米尼只是笑。

我妈又变成了那个既肩负使命又忙得团团转的“准阿嬷”。“阿嬷那天肚子痛，跑去上厕所，可想着就要见到米尼了，就慌慌张张的。阿嬷那天要做很多事，虽然尿布呀、被子呀事先就买好了，但还要清点，还要张罗中午吃什么、喝什么。护士把你从手术室抱下来，阿嬷跟在旁边，一步也不离开，就守着你。在电梯里你就四处看来看去。很多人问：‘这个孩子几天了？’阿嬷大声回答说：‘什么呀，我们才刚出生呢！’大家都大吃一惊！”

我爸憨憨地笑（但这已经是他生病以前的事了），他说：“爷爷被你阿嬷叫着，跑到医院外面买东西。回来就看到你了，你就出生了。”再问，他也不肯说什么，就俯下脸，“啪”地亲了米尼一口。

孩子总是痴痴地听着，我们全家都沉浸在此生的那一天里。那一天，真是手忙脚乱、疼痛难忍、琐碎忙碌、紧张冲动，又闪耀着无尽光辉的一天呀。

“最后，”我缓缓地总结说，“妈妈最后一个才回到病房里。等了一会儿，米尼被抱进来，人们把米尼放在妈妈怀里。妈妈躺着，还不能动，但终于能抱到自己的宝贝了。”

直到现在，他非常大了，说到这里，他还会像婴儿一样，缩在我臂弯里，哇哇地叫两声，眯缝着眼。

“嗯，”我笑起来，像那天一样，拥抱着他说，“妈妈终于抱到自己此生最大、最好的宝贝。这个宝贝经过了无数困难，在空中飞来飞去，他决定留下，然后，他在那一天降生了。他照亮了爸爸、妈妈、爷爷、阿嬷、奶奶……照亮了我们的人生。从那一天起，我们的生命彻底不一样了，世界彻底不一样了。”

就这样，他抱着我，我抱着他。有时候，当其他家人也在的时候，他会爬过去，轮番抱抱每一个人。

于是我会说出这个故事的结尾——后来，因为说过千百遍了，米尼也会跟我一起说："在此之后的每一天，我都想跟米尼出生的那一天说：'谢谢你，让我的孩子成为我的孩子，让我成为妈妈。谢谢你，米尼，谢谢你勇敢地来到这个世界。'"

这个游戏，我们玩过千百遍，在我被他气得死去活来的时候玩，在家里发生大变故的时候玩，在我觉得没有力气、不知道怎么应对生活的时候玩，在无所事事的夜晚玩……每一次玩，我都看见孩子身上闪耀着、真正初生的光辉。

你有没有和自己的孩子玩过这个游戏？不仅为了告诉他，你是怎么来的，你是怎么成为你自己的？也认认真真地告诉他，哪怕仅仅是你到来了，都彻底改变了这个世界。

19

妈妈咪咪商店的故事

大部分孩子都有或长或短的“恋乳期”。
与其说“恋乳”，不如说是眷念和妈妈一体共存、
短暂而珍贵的时刻吧。米尼5岁的时候，有一天对我说了一
大段话。我深深被打动了，把它记录
下来，记录下作为妈妈，我的荣光时刻。

每个想当妈妈的女人，都要去“妈妈咪咪商店”一条街开店。每个想当孩子的宝宝，都会去“妈妈咪咪商店”一条街逛街。

我去逛街的时候，就想买最好的“妈妈咪咪”。突然我看到一家商店！

里面的“妈妈咪咪”又温柔又甜蜜，进店还送100口香喷喷、热腾腾的“妈妈咪咪”鲜奶。虽然对我的小手来说，这里的“妈妈咪咪”大了点儿，但我还是被吸引住了。

“老板！‘妈妈咪咪’多少钱？”

“今天大优惠，不用钱。做我的孩子就可以免费得到‘妈妈咪咪’。”

“老板！那有没有附送抽奖活动？”

“有呀！”

我“叮”地抽了一张奖券。

“中奖了吗？”

“哇！这可是大奖呀！”

“什么奖？”

“晚上睡觉可以趴在妈妈怀里，伤心时可以趴在妈妈怀里，还有眼泪可以蹭在妈妈怀里。”

我已经决定买这家店的“妈妈咪咪”了，但我还是问了一句：“喂，老板。你店里的‘妈妈咪咪’有没有买保险？”

“为什么买保险？”

“用坏了，还要换呀！”

“没问题！买一送一，永远保险！”

这样，我就跳进了“妈妈咪咪”商店，大口大口喝奶。这家店的老板就成了我的妈妈！

20

米尼和猴子间的“男人的对决”

很多教育专家、心理学家像巫师一样对每一个
原生家庭发出魔咒：每对父子之间必有一战！
我认为，妈妈不需要成为这场战役中
任何一方的坚定战友。她是翻译器，是两军来使，
而幽默和戏谑，是所有原生家庭冲突的消融剂。

一天下午我不在，翻译家猴子突然父爱大发，决定给英语基础近乎为零的米尼启蒙，于是他就拿出一张纸让米尼写字母。

米尼写的第一个字母“a”就写得不标准，猴子便发挥资深出版人不厌其烦的纠错精神，一遍一遍地让他写。（过后米尼对三五锄老师总结说“写 a 都快把我写疯了”。）

这可怜的胖孩子在这突如其来的沉重父爱下一遍一遍写 a，险些精神崩溃。就在这近乎绝望的时刻，米尼自出娘胎以来接受的“精英”教育在他内心里灵光凸显！只见他又奋力地写了

一个“其实不标准”的a，以迅雷不及掩耳之势在旁边打了个钩，用红笔标上100分。他爸还没从这恬不知耻的忤逆行为里缓过气儿来，他就欢呼一声，带着对自己百分之百的满意与自信，跑去玩了。

此外，在一段无法描述的时间后，我家米尼，深深爱上了屠洪刚的《霸王别姬》。不要问我为什么米尼上了一段时间古乐欣赏课的结果是这样！

我们家循环播放这首歌，把正在翻译《世界爵士乐史》的猴子听哭了。米尼则在房间里跟着节奏舞剑（不要问我为什么他在舞剑！），摇头晃脑地跟唱。

猴子在书房里撕扯自己的头发，低声质问我：“为什么幼儿园会教这种口水歌！”

“我不知道呀……教学目标明明是《十面埋伏》之类的嘛。”我慢条斯理地说着，摆出教育专家的权威脸。

猴子用“周一我要去三五锄杀老师”的眼神扫了我一眼，狂奔进房间和儿子谈心。

我听见他呻吟着问米尼：“你为什么不听鲍勃·迪伦？也可以听滚石呀。爸爸喜欢的许巍也不错呀。《天堂的阶梯》怎么样？”

米尼的回答是：“哦哦，我心中，你最重……我独爱你那一种……归去斜阳正浓……哦！哦！哦！哦！”

猴子“身受重伤”地跑回书房继续翻译他那本晦涩、让人欲念全消、可能会让我家穷得倾家荡产的巨著《世界爵士乐史》，边翻译边说：“米尼他应该是在反波普，用他自己的方式在讥笑和抵御低俗文化。一定是！”

虽然我已经被猴子蠢哭了，但嘴上还是惊叹说：“哇，猴子你好厉害哦！你怎么能那么厉害呢！”

若要问我真正的感受是什么？我由衷的感受是：龙生龙、凤生凤，老鼠的孩子会打洞！（不要问我谁是老鼠！）

21

乍悲乍喜的成长时光

我已经做好决定，一定不会再让孩子和爸爸妈妈之间互相怨恨。这就是作为小学生妈妈的我的最重要的学习任务。

开学第一天早上，米尼起了床，洗手更衣，吃了点早点，便安安静静坐在桌前，在他的新课本上写自己的名字，一口气儿写完 18 本，完了长长叹了口气，说："都说上小学是很痛苦的生活，我终于也熬过来了。真想给自己发一个优异奖啊！"我作为旁观者，都被他的自信惊呆了，实在不忍跟他说他真是"图样图森破"[①]。

我好好安顿了米尼，便去加班，猴子带他写假期作业。晚

---

① 网络流行语，是"too young too simple"的谐音，表示"太年轻，太天真"的意思。——编者注

上我回来时，他已经洗好澡，肥肥地坐在床上看书。

我们头碰头读了书，临睡前，他要我跟他讲我上小学的故事。我便好好跟他讲："我上小学的时候，一开始数学就很差。你已经大体明白的三位数运算，乘法口诀，我到二年级还不熟练。有一天，也是这样一个夏天末尾的晚上，你爷爷，就是我爸爸搬了两张凳子，放在走廊上，唤我来背乘法口诀。我背着手，一路背过去，背到七八五十六，怎么也记不住。一背错，就得从头来，背了三四次，总在那里卡壳。"

我摸了摸米尼的头，继续讲："我小时候和我爸爸非常好。那一晚他正闹肚子，憋着没去厕所大便，没想到我乘法口诀老背不好，就咬牙等着，我却半天过不了关。他一怒，就打了我一巴掌。那是他唯一一次打我，但从那时候到前几年他生病，我们的关系都没回到从前。"

"这事你和我说过了。"米尼说。

"我知道，"我亲了亲他说，"之所以现在说，我是要告诉你，学习有很好玩、让人激动得尖叫的地方，也有很辛苦、需要大人和小孩一起努力的地方。爷爷一直是老师，但他当时是第一次做小学生的父母，他也缺少经验。现在，爸爸妈妈也是第一次做小学生的爸爸妈妈。我们都会努力。如果有什么做得不好的地方，我们一起来改。无论改多少次，都一起进行。不管发生什么，我已经做好决定，一定不会再让孩子和爸爸妈妈之间互相怨恨。这就是作为小学生妈妈的我的最重要的学习任务。这样说，你听得懂吗？"

米尼呆呆看着我，顿了很久，他突然说："我理解你。"停了停，又说，"爸爸今天说，我写不完作业就不让我吃饭。"说着他就抽泣起来，投入我怀里，把眼泪蹭在我胸前，从小胸堂里迸发出一声哭号，继续说："他！他连英文字母都要我按笔画笔顺写！哇哇哇……"说着咧开嘴哇哇地哭了。

我搂着他的小身体，憋着不说话，笑得浑身打战。他兀自哭了一会儿，呼吸绵长，竟睡着了。我擦干他脸上泪痕，亲了亲他。

月光堂堂，一天又过去了。乍悲乍喜，成长时光。

22

好的爱就像天空和大海

"一定要永远住在一起"的那种爱，
像绳子一样绑着人，离开一下都不行，
这会很难过。

米尼一睁开眼，就对我甜甜地笑，叮嘱我说："妈妈，我要永远和你住在一起。等以后我长大，不想和你住在一起的时候，你就拿现在我说的话来劝我，好不好？"

我亲了亲他，把他抱在怀里，笑着说："不好。我从不留人的。连爸爸去北京，我们日子有时候那么难，我都没留过爸爸。你知道的啊，在我心里，尊重每个人做下的决定是非常重要的事。"

他埋头在我怀里想了想，说："嗯……但还是爱重要一些。"

我把手放在他背上，他的背薄薄的。我们家总是没有男力，很多时候他得扛下比其他同龄孩子多得多的肩扛背提。搬家和运书时，他跟着我一趟一趟扛东西，嘴里“嘿呦嘿呦”，却从不说累。日子悠长，所有困难都慢慢变成日常。

我沿着他的脊背一下一下地抚，慢慢跟他讲：“爱是很大的东西，米尼，很多时候我们以为爱就是‘一定要永远在一起’，但在这样的希望上面，有一种更好的爱，是‘没关系的，离开和在一起都可以爱’。你感觉过这样的爱吗？”他抬起头看着我，两眼发亮。

我本来以为他会说“爸爸妈妈出差不在家的时候我仍然爱你们”，但他没有。

“有一次，天熠妈带我和天熠出去玩，”他比画着说，“吃饭的时候，天熠先吃完了。他拉我说：‘米尼我们去玩吧！’我还在吃，我说：‘不要！’我那时候的感觉就是‘我不要’，但我们还是好朋友。”

“好极了。”我说，“你拒绝了天熠，但你还爱天熠，他也爱你。这样的爱很珍贵，就像我们头顶的天空一样。在天空下的人，可以在一起，也可以离得很远。只要你和天熠互相理解，又能坚持自己的感受，就算你们分开十万八千里，也还是好朋友。反过来说，‘一定要永远住在一起’的那种爱，像绳子一样绑着人，离开一下都不行，这会很难过。”

这一刻我觉得，关于爱我们已经说了那么多了，两颗心却依然还要做不可计数的、漫长且坚韧不拔的努力。“米尼，好的爱就像天空和大海。它会鼓励你，陪伴你，让你相信你的心是足够自由的，你可以到任何你想去的地方。妈妈也希望自己给你好的爱啊米尼。所以你长大的时候，想住在哪里都是你对自己最好的决定。”

23

和米尼读《古朗月行》

读诗，我们一向爱玩的游戏是，先一起读一遍，然后一起讨论诗人为什么写这首诗，写这首诗的时候都在想什么。

最近，我想起之前和米尼一起读《古朗月行》的事。

读诗时我们一向爱玩一个游戏：先一起读一遍，然后一起讨论诗人为什么写这首诗，写这首诗的时候都在想什么。讨论完就要考他背诵，背不出来也不要紧，缺字断句，他就得自己想办法找补。因此很得了一些“米尼续貂”版的名诗，令人捧腹大笑。

《古朗月行》是我很爱的一首诗，人教版课本只截取了前四句：

> 小时不识月，呼作白玉盘。
> 又疑瑶台镜，飞在青云端。

后面还有：

仙人垂两足，桂树何团团。
白兔捣药成，问言与谁餐。
蟾蜍蚀圆影，大明夜已残。
羿昔落九乌，天人清且安。
阴精此沦惑，去去不足观。
忧来其如何，凄怆摧心肝。

后文则蕴含许多上古神话，如水墨动画习习舒卷，又渗透“存在与逝去”，如此多世间沧桑与世道悲凉。

米尼细细地、欢喜地问“朗”是什么意思。

“‘朗’也是我喜欢的一个字呢！”我兴致勃勃地和他说，“以前我写过很多小说，里面有一个女孩，我就给她取名叫‘小朗’。你看这个‘朗’好像‘良 月’。你什么时候看到的月亮觉得很好很好？”

他想了想，说：“是在大海上看到的很大很大的月亮，那是最好的。”

“没错！”我说，“闭上眼睛想想看到那时候月亮的感觉。月光是什么样的？”

“很亮。照在我脸上，照在海上，波浪上都亮起来了。”

“是啦是啦。记住那种感觉，那种感觉就是‘朗’。”

他眼里盈满了笑，我们相对傻笑了一会儿。窗外冬天的风雨正紧，大海传来咆哮。我们的木头屋子咯吱咯吱地，可我们不管那些。

“李白为什么写这首诗？”米尼低头把《古朗月行》看完，又问我。

“李白和你一样，”我摸着他的头发说，“他是一个小时候就爱上月亮的人哪。”

他小小的，就在我怀里。“不过，”我又说，“所有孩子小时候都爱月亮，觉得月亮神奇得不得了，觉得月亮是天空的玩具，是神仙住的地方。你小时候呀，有一次在海边跟月亮和波浪玩，玩得不回家。我说：‘米尼，回家啦！’你大哭起来，大喊：‘我不要离开月亮。’我没办法，只好说：‘你把我们家地址告诉月亮，月亮会跟你回家的。’你就在海边一面哭着，一面把我们家的地址大声喊给月亮听。”

他害羞地皱起鼻子笑。

“大概每个孩子都有过因为月亮和妈妈或者和家里人对话的往事吧。”我继续说，“李白长大了都还记得这些事。他最记得这些事了。可他写下这些诗的时候，已经离家，离妈妈很远了。”

“对很多孩子来说，家是永远存在的，月亮是每天都会消失的，所以会难过。但对大人来说，月亮是永远存在的，但家是会消失的，这才真正让人伤心。很多大人、诗人，他们写‘月亮’，不是写‘月亮’，而是写‘我想家’，但这是一个暗号、一个密码，只有理解‘想念’的人，才读得懂。”

米尼看着我，两眼亮晶晶的。

“所以，我们读过‘举头望明月，低头思故乡’。经常看月亮和想起小时候月光下家里的人——这两件事会一起发生。许多人，无论走到哪里，月亮就是他们想回家时的‘任意门’。”

米尼深深地看着我。我继续说：“李白在写《古朗月行》的前四句时在想家呢。你看，这四句话其实不是诗，是他想起他对他妈妈说的话。他说：‘我小时候不认识月亮。（我就对妈妈说）那是白玉做的盘子吧！哎，不对不对，应该是仙人台上用的镜子，一不小心飞到云上了吧。’这些都是他小时候在妈妈怀里说的话吧。”

米尼满脸是光。“对了！我知道了！”他大声喊，“就像我小时候把月亮叫错，叫成‘耀亮’，你也把这件事写到《旅伴》①里去了！”

“没错。”我说，“我一时忘记这事了。你说得很对。”

这些话，妈妈和孩子都会一直记着，记一辈子。我又说：“你想想，李白小时候不认识月亮，说了那么多话。他妈妈会说什么呢？这首诗里光写了李白自己说的话。他妈妈怎么说，这

---

①《旅伴》是粲然在2017年出版的图画书，讲述了一个爸爸如何登上孩子生命舞台的故事。——编者注

里可没写。”

米尼认真地想了一想。“他妈妈应该会说：‘傻孩子、傻孩子吧！’”

“所以，”我说，“这首诗应该是‘小时不识月，呼作白玉盘（妈妈说我是傻孩子）。又疑瑶台镜，飞在青云端（妈妈又说我是傻孩子）’。是这样吗？”我问他。

“嗯！”他点点头。

这是不是李白妈妈经常说的话我不知道，但的的确确是我经常说的话。看他说得那么一本正经，我忍不住亲了亲他，“傻孩子。”我说。

“好啦，现在开始背诗啦！”我说，“背不出来，老规矩，做小狗在地上爬。”

他哈哈哈大笑地背了出来，然后抚手说：“完成啦！完成了要妈妈做狗妈妈，背着我在地上爬。”

“好哇。”我说。我跪在地上，他软软地趴在我身上，脸挨着我的脸，我们在地上爬了起来，嘻嘻嘻笑。

继而，他沉默了好一会儿。突然有东西啪啦啪啦掉在木地板上，背上的他抽泣起来。

“怎么啦？”“狗妈妈”伏倒在地上，静静地问。

“李白太可怜了。”他说，“在月亮下想着妈妈写诗太可怜了。

呜呜呜……”

“傻孩子，”我说，“想念是很好的事呀。李白看到月亮，会想起和妈妈说的话。几十年后，你看到月亮，也会想起李白的诗，想起和妈妈读着诗一起做狗爬。这些诗歌，就是对抗时间的魔法。诗歌，会凝固时间。这些事，我都跟你说过。”我趴在地上，对着木地板说。木地板上，有他簌簌掉下来的泪。

“不要，不想要。呜呜呜……”他在我背上说。我们母子保持着这样的姿势，停了一会儿。“如果我是诗人，我不会写过去的诗，我会写很多以后的诗，比如‘下辈子呀下辈子，要永远和妈妈在一起’。”

“嗯。”我说。

“我会写，”因为想到什么“扑哧”笑了起来，他说，“下辈子，变成一条被子，天上下了很多被子，这就是下辈（被）子！”

“怎么搞的?!这不是诗好吗！怎么搞的?!这是冷笑话好吗！”我大喊。

他咯咯咯地笑，从我背上跌落下来。他的脸又是眼泪又是欢畅，如破云之月，映照在我的心象之上。由此我知道，千年前李白看过的月亮，还照耀着我们每一个人。

24

“看图写话”和莎士比亚

写故事的人，在幻想的世界里，在他的故事里有巨大的权利。他可以像遥控游戏一样，遥控自己故事里的人，也可以给读故事的人带来不同的情绪，让他们吃惊，让他们高兴，让他们反对，让他们赞成……这就是故事的魔法。

小学一年级第一学期期末开始有“看图写话”的作业，米尼陆陆续续写了两三篇，交了上去。一天夜里，坐在书房的大工作台前，我在看书，他在灯下拼乐高，突然就和我说起看图写话的事来。

“有一天，我们班正在排队。”他边说边把一块积木镶进另一块积木的卡槽里，“语文老师走到我身边，她跟我说，作文最好不要那样写。”

“哦。”我说，想起他那两篇小学一年级学生的作文，不禁暗自发笑。

“被她这样一说，哎呀，我觉得很不好意思呀！我就想了一个办法。”他放下积木，转过头，满脸狡黠地看着我，说，“我赶紧回答语文老师‘我奶奶刚好牙齿松了！所以我才这样写的！’”

他冲我眨了眨眼：“妈妈，这是我临时编造的理由呀。”

“嗯。”我点了点头，“我知道。”

“可是呢，”他看着桌上的积木，用7岁孩子描述一件事的认真劲头继续讲下去，“语文老师好像一点儿也不在意这个理由。她继续又跟我说，作文最好不要那样写。”

“嗯。”我又点了点头。

“妈妈，”米尼一边磨搓着眼前的积木，一边说：“你知道作文最好要怎么写吗？”我笑着摸了摸他的头。

他等了一会儿，见我没回答，就踌躇着说：“我觉得呢，”他看了看我，“我觉得语文老师是想让我写好事。”

“她跟你说的吗？”我好奇地问。

“她没说，”米尼说，“是我自己这样想的。我，嗯，猜测。我猜的。”他说。

“你觉得呢？”他边问我边又把一个积木压进另一个积木的卡槽里。

我放下书，揉揉眼睛：“我觉得呀，我觉得你们语文老师是个挺棒的人。”

他又转过脸，两个眼睛黑溜溜地望向我：“我也喜欢语文课。”他说。

“嗯。”我点点头，“你看，虽然她觉得你的作文可以写成别的样子，但她还是给了你的作文一个A。虽然老师有自己的想法，但给不一样的答案一个A，这样做挺不容易的。”

我看了看他：“你很在意这件事吗？”

“我不在意。”他安安静静地摆弄着手上的积木，说，“就是有一点点奇怪，一点点不好意思。不过我想，可能以后我会多写一点儿好事在作文里吧。”他又说。

“你可以自己决定。”我说。屋外严冬的海风怒号，本来谈话就要就此结束，但正读的书里金戈铁马，我被幻想王国的气贯长虹鼓舞着，遂多说了几句。

“米尼，你还记得我跟你说起的，莎士比亚写的《罗密欧与朱丽叶》吗？”

“记得呀。”他说。

“这个故事和许多人之前读过的爱情故事不一样。故事里的男孩和女孩深深爱着对方，却因为一个又一个意外和误会，最后相继死去。看这本书的人，一开始一定都很吃惊，很不能接受吧。妈妈很小的时候看这本书，当时就想‘故事怎么能这么写！’。妈妈跟你讲这个故事时，你也吃惊地跳了起来。不仅是我和你，这世界上千百万年来无数人都是这样。罗密欧与朱丽叶真是一个让人意外的故事呀。”

我没有看他，我转过脸，看向黑漆漆的窗外。在窗外，在黑夜与风的深处，深藏着的，是我和米尼的大海与群岛。

“米尼，你看，莎士比亚写出《威尼斯商人》这样的故事，大家都称赞，大家都觉得这个故事就该这样，好人有好报，坏人有坏报，爱的人最后在一起。但他也写出像《罗密欧与朱丽叶》这样的故事，最好、最相爱的人却不能在一起。这些故事，不管写的是好事还是坏事，都成了最伟大的故事。我这样说，你理解我说的意思吗？”

我看看他，他点了点头。

“你觉得自己只是在写看图写话，但在我看来，你已经在编写故事了。第一个故事《牙齿掉了的奶奶》，我在这个故事里看到了一个猛然的吃惊，本来开开心心，结尾突然吓人一跳。作者和读这个故事的人开了个大玩笑。因为这个，这个故事非常特别。第二个故事《摔到篮子里的奶奶》，我在这个故事里看到一系列非常流畅准确的动词，就像一组动画一样。这次，奶奶能准确地掉进篮子里，下次，你就能用语言让世界上所有东西掉进篮子里，这事酷呆了！我没想到你能做到这个。词汇是魔剑，你已经开始使用它了。”我说。

他的脸红扑扑的，咧着嘴看着我。

牙chǐ diào了的nǎi nǎi

有一天，nǎi nǎi zuò在huā yuán里
kàn bào zhǐ。小明kàn dào tā，xiang dào
了一个好zhú yì，小明ná了
一个苹果给nǎi nǎi吃。nǎi nǎi
咬了一口，zhēn tiān！只听gā bēng
牙chǐ掉了。

《牙齿掉了的奶奶》

shuāi到lán子里的奶奶。

有一天，小明在bāng奶
奶chuí背。奶奶正在zhī毛xiàn
突然之间小明用力一chuí
奶奶zāi进lán子里！小明
yào冲去扶，却bèi小石头绊
倒！了，也zāi进lán子里。！

《摔到篮子里的奶奶》

“米尼，”我说，“写故事的人，在幻想的世界里，在他的故事里有巨大的权利。他可以像遥控游戏一样，遥控自己故事里的人，也可以给读故事的人带来不同的情绪，让他们吃惊，让他们高兴，让他们反对，让他们赞成……这就是故事的魔法。我这样说，你听得懂吗？”

“我懂。”他说。

“我和你的语文老师，还有以后许许多多你的读者，我们读了你的故事，会有自己的看法，自己的打分。你写你的故事，去做你的思考，你的决定。你可以写一个自己很喜欢，却有很多人反对的故事；也可以写一个就是要每个人称赞的故事，无论怎么做都可以。这就是故事好玩的地方。”

“就像《怪杰佐罗力》这个故事一样。你说过，很多爸爸妈妈都说这个故事会把孩子教坏，但佐罗力的作者还是一本一本地坚持写下去。”他想起自己深爱的故事，满眼发光地说道。

“没错。”我俯身亲了亲他的脸，“无论是看图写话，还是写作文、写故事，最最重要的，是 10 年、20 年以后，你回头去看你小时候写的东西，你知道，这里每一行字，都是自己心里真而又真的想法，是自己认真想过的。只有这样，你才会坚持地、快乐地写下去。”

这次母子对话之后的一天，他又写了一篇看图写话。

唉，我觉得我还是说太多了，真的……

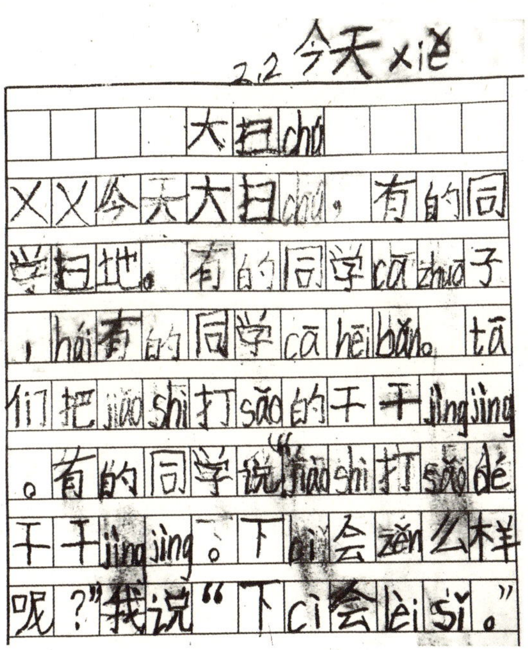
2.12 今天 xiě

大扫chú

XX今天大扫chú，有的同
学扫地。有的同学cā zhuō子
，hái有的同学cā hēibǎn。tā
们把jiào shì打sǎo的干干jìng jìng
。有的同学说“jiào shì打sǎo dé
干干jìng jìng。下cì会zěn么样
呢？”我说“下cì会lèi sǐ。”

《大扫除》

25

“看图写话”的引导密钥

作为输出式表达，孩子自我完善的速度远比我们想象的快得多。

好多人都让我写写“看图写话”的引导密钥，我也看到现在有很多从学前班就开始的“写作指导课”，的确想过写写看图写话，但不是写给孩子看的，是写给成人看的。

写作学习一开始面临的主要障碍，是成人对孩子完成度的盲目强调。初学者完成度是很低的。5～7岁孩子的看图写话或看图说话，常常逻辑脱节，语词混乱，说不清一件事，甚至不理解图画的指向等。成人作为熟练者，对此就难免充满忧虑。

现在很多指导班或指导课，就是为指导所谓写作的圆满完成而存在的。成人示范例文，孩子“非此不可”地跟写。我做过这类儿童作文比赛的评委，坦白说，看步调统一的作文真是件让人哈欠连天的事啊。

看图写话，特别是 5 ～ 7 岁孩子的看图写话，是不需要指导的。作为输出式表达，孩子自我完善的速度远比我们想象的快得多。

成人对儿童学习最大的认知误区在于：我们总是认为，孩子画画不好，就去学画画；写作文不好，就去学写作文；数学不好，就去列算式。成人倾向于采用“解决式”而非“系统发展式”观点，忽视孩子心智发展的循环发展、良性反馈过程，而在孩子进行自我学习时，就固化了教育的“倾轧”形式。

艺术，由来至高的指向就不是“完成度”，真正的写作也不是。否则，陀思妥耶夫斯基的《卡拉马佐夫兄弟》、拜伦的《唐璜》、尼采的《权利意志》无以传世且震古烁今。艺术与写作，最重要的是以笔写心。真实永远先于善美。

孩子开始提笔时的第一原则就是写下心里想写的话，可以不成句、可以缺字、可以因果断裂、可以口语多于书面语……5 ～ 7 岁孩子这些问题之所以存在，不是因为技巧，而主要是因为孩子的思维发展还没有到达某个维度。即使要进行引导式训练，一开始也不要在几篇写作练习中进行，而应该在大量的阅读中完成。

这就好像孩子刚开始学走路的时候，你就要求他们一会儿用时装台步走、一会儿用阅兵正步走、一会儿用……最后一定邯郸学步，迷失自己的姿态；也好像孩子刚开始学说话，你就要求他们各种南腔北调……这些不仅多余，而且给自我学习设置了障碍，丧失了愉悦，也减损了自我的主动性。

我们现在都知道了，简笔画是教不得的。同样，最初的“看图写话”也不需要教。让孩子和自己心灵里萌发的简陋故事待一段时间，相信他们自我迭代的速度。

说到这里，还可以为“喂绘本长大”的孩子说几句话。成人有个错觉，认为读绘本长大的孩子，看图写话的“读图准确性”会非常高。但这里面有一个非常重要的认知差异，即看图写话和绘本写作并不是一件事！传统的看图写话，很看重用文字描写图上内容。而绘本文图结合，最重要的则是文字所指和图像所指既有重叠又有交叉，甚至经常是各说各话。因此，资深绘本阅读小孩并不等于是完美的看图写话高分获得者。

此外，无论是写作还是绘画、手工，归根到底都是思考力、情感感受力的输出，但这也有赖于两个“小基柱”：执行力和逆商。尤其是小孩子，他们还不长于书写，作为辅助的拼音也经常有阻碍。这个时候，大多数孩子都不会那么喜欢看图写话的过程。

有些孩子，他们对自己能写或愿意写多少字理解不足。一开始思考的时候会滔滔不绝说一大套，真正动笔时写一句话就想溜号了。成人需要关注和陪伴他们，鼓励他们坚定地朝目标进发，执行到底。把孩子口头说的故事录下来，和孩子一起“算出”故事的字数长度；随着写下的故事慢慢变长，适时赞扬孩子；像念绘本故事一样，大声朗读孩子的习作……这些都是好办法。

还有一些孩子，他们会困于“事情应该完美进行”这一执念，写到一半，因为这样那样的原因，把自己搞崩溃了。写作文写到大哭的孩子，现实中可真不少见。然而我认为，这类孩子需要得到的支持，首先并不在“怎么写作文”上，而在日常生活中。生活里很多琐碎小事，尽量放手让孩子独力完成，鼓励孩子多运动，多社交。引导他们去面对真实生活里不可预计、扑面而来的困难。越磨炼、越有力量。心灵充满力量的孩子才不会在每一次跌倒中把时间浪费在哭泣上。

让我们保持无尽的对他人的好奇心与尊重，去迎接孩子自由自在的“写作”吧。

26

背诵最重要的事，是千万不要一开始就背诵

背诵，最重要的是想象。或者说，背诵是一艘小船，心智无边的想象是推动它的浪。没有想象推动，小船既无力又滞留。

米尼：

很多人讨厌背诵，是因为没有人告诉他们大脑的秘密。

背诵不是背诵。背诵，最重要的是想象。或者说，背诵是一艘小船，心智无边的想象是推动它的浪。没有想象推动，小船既无力又滞留。

在背诵前必须花时间完成几个非常重要的想象：

- 闭上眼，花三秒钟想象自己有一个非常蓬勃快速的大脑。“我的大脑很强大，可以存进无数东西。”要让自己呼应这个想象。
- 不要马上开始背诵，要花时间阅读全文，然后闭上眼睛想象

文字信息给你的画面。怎样的画面都可以。哪怕你脑海里浮现出和文字关系不大的画面也不要拒绝它。记住这些画面，它是你记忆的线索，就好像画画时的轮廓草稿，像搭房子的框架。比如背诵《观潮》，你想象你就站在岸边，你听到什么？看到什么？你想到《星际穿越》里遍布大海的星球，你想到古代的战场。这些都在构成你背诵的轨迹。记住画面，就是快速确立框架。

- 搭好框架后，你开始进行第三层想象，想象你就是作者。你会怎么描写这些画面？可以放进时间、地点、场景、你的感受。这时候你可以随意讲诵，再去对照原文。这个阶段，是把你自己的想法与文章对照、呈现文章本来面目的过程，也是有思考的记忆的过程。

上面我们说，背诵不是背诵本身，而是想象。当你完成前面三段想象，你基本上已经能勾勒出文章的大体框架，这些段落对你不再陌生。你只需要重复几次，让它们在你心里彻底清晰起来。

重复几次呢？重复三次。

第一次重复记顺序。刚才我们说了，画面是你记忆的线索，但画面经常是无序的。所以，第一次重复记忆在于记顺序。比如《观潮》，“午后一点左右”随着声响如雷，听觉和视觉交集，要记得先发生什么，再发生什么。记住顺序就是在记忆之海里下锚。

第二次重复记关键词。给你脑海里标记过顺序的画面标记关键词。什么时候人声鼎沸，什么情景横贯大江，什么情景浩浩荡荡。记住关键词是在记忆之海里第二次下锚。

第三次也是最后一次重复，这是一次全局、融汇的贯通。调动你脑海里所有顺序画面，所有记忆点，把文字从头到尾全部“默背”出来。

在“三想三重复”的过程中，不用特别在意哪个词怎么记，哪句话必须怎么说，这些都不是最优先要解决的。在“三想三重复”中，你要调动的是你的想象力和逻辑力，要在你心象大海上开辟这条记忆的航道。这个过程完成后，这条航道就存在了。你在其中下了许多记忆点之锚，即有大风，无可撼动。你要信任你自己，信任你的心。

接下来，最后做的事就是让它成为背诵作业，熟悉字词写法，把句子背得更精准一点儿就行了。熟练，是最简单的活。

所以说，背诵是好玩的游戏，超期待下次再一起玩呀米尼！

粲然

27

和米尼谈语文书

为什么语文书上都只写
好的感觉、好的事？

米尼突然问："妈妈，为什么语文书上都只写好的感觉、好的事？就算只有一棵树、一只麻雀，它们一开始都感到孤孤单单的，但后来种了很多树，来了很多麻雀，故事的结局也都是高兴的。为什么语文书上都没有伤心？"

"呀。"我认真看了看他的脸，非常慢地说，"这是个好问题。"

"为什么呀妈妈？"他问。

"嗯，因为……"我说，"因为对孩子能读什么，人们有很多种看法。有一些人觉得，不能让孩子读到伤心、痛苦、愤怒，不能让孩子读到不够好的东西。恰好是这类人编写了你们的语文书。"

“你也写书，你是怎么想的呢妈妈？”他趴进我怀里，昂着头，一股孩子特有的认真劲儿。

“嗯，我嘛……我觉得孩子理解所有的感情。”我看着他的眼睛说，“我觉得美好的东西里天然蕴含着悲伤、害怕和痛苦。比如，明亮的月光下，李白会思念家乡；春天纷纷的小雨下，会有人因为怀念亲人痛哭。语文书里写‘春天的阳光是五彩的’，这句话里没有人的感受，就没有真正的感情。你也写过春天。你写的是‘春草勃生，米尼屁股痛’，这句话就很好。你和春天在一起，春天在生长，扎了你的屁股。这句话里有人的感觉，就有真的感情。”

我非常慢、非常慢地说。“我说这些，你听得懂吗？”他想了想，点了点头。

“书上写的每一个季节都是好的。”他说。

“没错。有些人认为美好和难过、痛苦不能混淆，但真的是这样吗？”我抚摸着他的头，他的头毛茸茸的，像春天山林里的小兽。

“你记得每年春天咱们的营地吗？漫山遍野的花。那是什么感觉？”

“走在田里蜜蜂一直追着我们，我小的时候会说：‘我害怕！我怕蜜蜂蜇我！’”他皱着鼻子笑着说。

“是呀，”我也笑起来，说，“我俩总是手拉着手，一起很慢、很慢地走过花田。蜜蜂太多了，感觉大地都在震动，一起发出嗡嗡嗡的声音。所以，即使在春天的美里，也夹杂着害怕。有时候人们在春天还会伤心、难过，觉得孤单。古人称这种感觉为“伤春”。这些都是美好里的难受，但这些难受的感觉，却让美好更丰富了。”

我停了停，想了一会儿春天的事，他趴在我的怀里默默不语。

“妈妈，”过了好一会儿，他说，“现在我把语文书放在我头脑里‘学习’那个框子里。我头脑里还有一个‘游戏’的框子。现在‘学习’和‘游戏’都是关闭的。我把诗歌放在‘想象力’的框子里，现在它打开了。”

“嗯，”我亲了亲他，“这是非常好的做法，米尼。我看到，你并没有觉得谁更对，谁更错。语文书有语文书的意见。不同的诗歌，有不同诗歌的意见。要有好的表达，要写出好的句子，不是一定要反对哪种意见，也不是非要学习哪本书的写法。好的句子，就像雨点落进土里，它是落进你的感受里，你的心里。要坚持写那样的句子，无论里面是美好还是难过。写下它，别人就会看见你的心。”

28

和米尼讨论考试是什么

每一个做学生的人，都认为他们学习的科目
就是语文、数学、英语、体育、美术……
很少有人知道，他们从做学生开始，就在学习
“考试科”。考试，也是一门科目呀。

米尼学校的大部分考试都不评分，最近几次单元考，偶尔也会用百分制来统分测评。

周五米尼带回一张语文单元考卷，没审题，漏填了一大题，被扣了6分。

临睡前，说起每个人的天赋，米尼眼里闪着光说：“妈妈，我们班还有一个同学，他的天赋就是语文考满分。他是我们年级唯一一个考满分的，真的好厉害！”

我好奇地看着他，他满脸雀跃，一派天真，既没有不安，也没有嫉妒和扭捏。

“米尼，”我问，并认真地想知道，“你害怕考试吗？”

“不怕呀。”他说。

“你害怕考试成绩吗？”我又问，“我的意思是，考卷分下来时，你会觉得紧张、后悔，或者高兴吗？”

他想了想，说：“有时候遇到不应该错的题目会有一点点生自己的气，不过没有害怕。”

“因为，”他奶声奶气地说，“你告诉过我，考试只是检验学习的其中一种手段。”

我忍不住在心里对自己翻了个白眼，继续问：“你看到别的同学考100分，你想像他那样吗？”

他定睛看着我，回答：“我会想‘哇！他好厉害呀！’。不过我不想和别人比。他是他，我是我。总是和别人比，总要像别人一样，自己就会消失掉。这也是以前你和贝贝[①]告诉我的。”

我拉着他的手，诚心诚意地赞美他，我说：“你真是非常努力的孩子，米尼。我看见你认真地学习。你喜欢学习，更重要的是，你也没有因为学习别人、别的事物而变得不像你自己。这是非常好的。”

他喜滋滋地仰着脸，让我亲亲他。

---

① 贝贝：三五锄儿童部的老师。

“但是，米尼，”我握着他的手，非常慢地说，“你刚刚开始考试，所以只看到了‘考试’这件事的第一重意义。你知道，考试成绩并不是‘这个孩子是不是好孩子’的唯一评定；你也知道，学习不是为了考试，相反，考试是要检验学习知识有没有掌握，没有掌握的，就再次学习。这些都是考试的基本意义。这些都是对的和好的。但是，考试呀，还有更深远的魔法意义。”

“是什么呀妈妈？是什么？”米尼瞪大眼睛问。

“很少有人知道这个秘密呀。”我叹了口气，认认真真地说，“每一个做学生的人，都以为他们学习的科目，就是语文、数学、英语、体育、美术……很少有人知道，他们从做学生开始，就在学习‘考试科’。考试，也是一门科目呀。”

“什么！考试科吗？可是我们课程表上没有啊！我们没有上这门课呀！”米尼大喊大叫地说。

“没错。这就是每个学生都必须修习的，也是最神秘的科目。有的学生学得很好，就像有人擅长语文，有人擅长英语，有人擅长体育一样，他们非常擅长‘考试’。有的学生学得不好，他们平时明明每个科目都懂，每次考试却都会这里丢分，那里丢分。最重要的，是对各门科目的学习、理解在考试时必须和考试科结合在一起，才能发挥作用。就好像你学了数学，但考试的时候还必须得懂中文、英文才能看懂题目。我这样说，你听得懂吗？”

我们四目相望。他点了点头："懂。考试，也是跨学科的事。"他说。

"说得好极了，"我握紧他的手，"考试，也有考试的策略需要学习。你们老师这个学期开始试着给你们的考卷打分，我想，最重要的原因，不是要鼓励我们'每次要考一百分'，而是邀请我们一起进入'考试科目'的学习中。我这样说，你懂吗？"

"懂。"他说，然后撅起嘴来，"可是，妈妈，什么都要学习，玩的时间就很少了！"

"我理解你。"我哈哈大笑，说，"妈妈以前有一阵子是非常讨厌考试的人。可是，后来我却发现，考试是最好玩的游戏了。"

"游戏吗？"他说。

"当你知道，考试和学语文、学英语一样，需要一些策略和技巧的时候，你就会慢慢发现考试是一个游戏。"我说，"你想象一下，考卷就是你的战场。"说到这里，我又亲了亲他，"你派遣你的军队去打仗。我记得你有一次考试，'戴'字要求查字典，你怎么找也找不到那个字，在这一题上面花了好多时间，后面很多你完全会做的内容都来不及做了。你记得那次考卷拿回来，我说了什么吗？"

"你说'太好啦，你得到了一个策略'。"

"没错！在那次大战中，米尼将军派遣的军队，只知道和敌人在一条巷子里展开巷战，丢失了大量土地。米尼将军失败了。但是，米尼将军得到了一条极其珍贵的考试策略。他知道，考试时间太有限，自己不能只关注一道题。在未来千百万次战役中，米尼将军就会减少这类错误。”

“后来每次考试我都写完啦！”他笑眯眯地说。

“这次考试，因为没看完题目就写字，所以，审题出了问题，米尼将军少收复了一块失地，因此，被扣了6分。说实话，好心疼呀！”我说，“可是，还是要恭喜米尼将军，你又收获了一条考试策略。”

他点了点头。

秋意深长，而我俩一直双手交握。他的小手指上，因为成天写写画画，已经结上厚茧。做妈妈的，总忍不住想替孩子走好所有的路。但他的人生，就得经历自己的屡战屡败，屡败屡战。

“为什么老师不教我们怎么考试呢？就像教我们学数学、学语文一样。”米尼问。

我失笑：“大人一直在教你们呀。要认真审题，要把会的先做完，要做好考试准备……平时说的这些，都是在‘教考试’。”

他如梦初醒又懵懂无知地“哦”了一声。

“因为这个，我能理解带领你们认识‘考试’的老师。”我摸着他毛茸茸的头，“真的有一些学生，生来就很懂得怎样考试。

但是，更多的孩子是必须自己丢分，必须像将领在战场上失败一样，一次又一次在考试失败中习得经验，形成策略，才懂得怎么考试的。妈妈也是后面一种人呀。”

“以后，在考试前，我就把这些计谋都背下来。”米尼揉揉眼睛，认真地说。

“不需要去背。”我一下一下拍着他，睡意已经涌现，他睡眼惺忪，我缓慢地说，“你会慢慢熟悉考试，像一个老兵，闭着眼睛都能画出考试战场的地图。这样的能力，不是记下来的，而是经过很多次考试、检查、回想，才成为自己的判断的。米尼，我想，你会成为很厉害的将军。”

“嗯。”他说，对我展露出孩子临睡前那种甜蜜又朦胧的微笑，“我喜欢你说考试像打仗。妈妈。我喜欢你对我说出那么好听的话来。”

我也喜欢你是这样的将军，米尼。

我喜欢你的人生，无所畏惧，又郑重其事。

29

当孩子因为爱说话被换到了第一排

上课讲话被调到最后一排，老师是在说
“离班上大家远点。你被放弃了”；
而被调到第一排，老师是在说“我在哦，
我不会放弃你，我们离得近些，一起努力”。

临睡前我边给米尼做按摩边跟他聊天。

“米尼，”把西伯利亚冷杉精油按压在他背上，我说，“我跟你说过高中时我是个话痨的事了吗。”

“嗯。”他趴着，含糊地应我。

我一下一下顺着他的脊背。

“高中时我是个话痨。到高三那年，马上要高考了，我还是经常在课堂上说话。好奇怪呀，自己也控制不了自己。后来我想，大概我就是那种压力越大越爱说话的人吧。”

“老师骂你了吗？”米尼仍旧趴着问我。

“骂没骂我我忘记了，只记得高三下学期，老师频繁调换我的座位，我在倒数三排之间换来调去，一个学期换了十几次位置。”

在夜灯下，孩子的身体发着光，海边夏末之夜里，暗香浮动。

“那几个月，我和成绩最差的孩子同座过，和长得最高的孩子同座过，和个子很高、性格温和的孩子同座过，也和做小动作一刻也停不下的孩子同座过……无论是谁，我都叽叽喳喳地和人家说话。后来想来，我肯定让很多同学困扰吧。”我说。

“老师怎么说呢？”米尼扭过头问道。我引导他翻过身，好按摩他的小肚子和腿。

“好多年后，”我一下一下揉着他的腿，说，“我才想起来，当时老师应该是放弃我了吧。上课时候说话被老师调到最后一排，就是被放弃了吧。”我笑了笑说。

米尼拿他黑黑的眼睛看我：“有什么不同呢，粲然？上课说话被调到第一排和被调到最后一排，有什么不同？”

我停下手，认真地看着他：“当然有不同呀。上课讲话被调到最后一排，老师是在说‘离班上大家远点。你被放弃了’；而被调到第一排，老师是在说‘我在哦，我不会放弃你，我们离得近些，一起努力’。”

他看了看我，打了个孩子那种全然属于夜晚的大哈欠，然后说："今天我就是因为上课说话，被老师调到第一排坐了呢。"

我抚了抚他的脸，意识到人生悠远，而此夜我对他爱意满怀。

"米尼，"我轻声说，"我知道呀。晚上下班时接到你们老师的电话，她特地跟我说了这件事。"

"哦。"孩子应了一声。

"想知道她怎么跟我说的吗？"我问，又接着一下一下按着他的手。

"呀，没事，随便。"他略微慌乱地说。

"老师说，你的孩子什么都好，也挺乖的，学习也不错，就是开学以后上课爱说话。我今天把他调到了第一排。"我顿了顿，"老师说，我调了他的位置，事后也观察，他情绪还可以的。你看，虽然老师觉得你情绪还不错，但还是不放心，给我打了电话。"

"嗯。"米尼说，他打了第二个哈欠，"我并不是很在意。"

"我理解你。"我说，匆匆 10 年即将过去，在孩子身边的每一夜都是永恒的深沉幸福。

"我理解你，米尼。但不管你怎么想，我都想说，每个人都有自己的评判和行为的目的。我遇到过放弃，所以我知道因为说话被调到第一排，这多半不是惩罚，只是一种加倍的关注。"

我说得很慢。孩子的眼里布满星光。我忍不住躺下来，对着他的脸，亲了亲他。

“粲然，”他全然放松地摊开身子，又拿手搓了搓鼻子，“粲然，后来你上课时不说话了吗？”

“没有。”我哈哈大笑，“我还是一直一直说话。没人跟我说，我就自言自语，自己写东西，我的成绩也没有变坏。不过，”我停住笑，安安静静地想了会儿当年，“那时候是高考前最紧张的时候，我这样，一定给别人带来很多困扰。一定有人不喜欢我吧。当时我是不知道的。”

孩子抬起身，摸了摸我的头发：“哦，妈妈，妈妈。”他心疼地说，“我喜欢妈妈。”

我也坐了起来，抓住他停留在我头上的手，贴在我的脸上，小手温热：“我也喜欢米尼，喜欢把我遇见的事告诉米尼。”

夜色如洗。在夏末大海之畔，这样的夜晚，最重要的事是说出最心底的话。

“无论你坐在哪里，过怎样的人生，我都觉得很幸福，特别骄傲。”我很小声地对他讲。

“妈妈。”他应了一声，“妈妈，下次你做学生，再有人放弃你，你就谈恋爱吧。”

“啊？”

“我是说，电视剧都是这样演的，大孩子们都会谈恋爱的。”他揉了下眼睛，困意笼罩在他脸上。

“我不想妈妈被放弃，想要有人爱你。”他总结说。

没错，对你，我恰恰也是这样想的。

30

再坚持一下，比以前的你开阔一点点

在完全放手让孩子自主阅读之前，甚至在孩子习惯自主阅读之后，有一段时间，和孩子一起默读、互相朗读、讨论读、跟随读，都是某种信号。这个信号便是：你远行，我也一路呼应。

很多年轻父母认为，孩子上了一二年级，认字多了，就理所应当进入自主阅读。实际上，文字书的分离性自主阅读并不像孩子呱呱坠地，拿起剪刀剪断脐带，“咔嚓”一声就能交货了事。从某种角度说，它更像断奶。当孩子离开妈妈的乳房，他对你的怀抱尤有无限眷念，拥之入怀，即使没有养育功能，也能提供绵绵不绝的温暖与支持。“断奶”和“自主阅读”的相似寓意在于：在这两种行为的初始阶段，孩子看似有了更多开放独立的选择，但在心理上，他们还需要成人的陪伴和示范，由此才能建立有利于一生的好习惯。

孩子在自主阅读之初，多半会更“聒噪”一些。就好像被突然夺走手杖的人，时不时会喊："我的手杖呢？把我的手杖拿来！"他们也会喊："妈妈妈妈，这是什么字？这说的是什么意思？"或者"妈妈，这段话看不懂！"其中心理，除了真的不懂，还有"我能不能独力胜任"的惶急，以及"丢下我的你还爱不爱我"的焦虑。

自主阅读所需要的条件，表面上看仅仅是认字多少和是否有持续阅读习惯，但这是一场孩子内心的探险。自主阅读时的孩子需要呼唤勇气、抗挫力、韧性，呼唤自主社交性，呼唤对他人、对世界的深刻好奇。只有这样他们才能放下轻而易举获知信息的"温情共读"，树立与坚定信心，只身赶赴莫测的书海。因此，在很多场合，我总是说，自主阅读之初，共读的成人可以逐渐放手，但在条件允许的情况下，不要立刻缺位。如果孩子习惯多年共读，在认字后你想当然地立刻甩手退位，他们更容易陷在"共读同伴突然不见"这件事带来的不安里，延长自主阅读的接受期。

实际上，这种情况并不难理解。就好像感情深厚的一对爱人，热恋期每天并肩下班买菜，回家做饭，突然一方去了异地工作，另一方便蓬头垢面，坐错车、吃垃圾食品。他们没有丧失独立生活的技巧和学习能力，只是短时间无法适应一个人的生活。成人如此，孩子亦然。在完全放手让孩子自主阅读之前，甚至在孩子习惯自主阅读之后，有一段时间，和孩子一起默读、互相朗读、讨论读、跟随读，都是某种信号。这个信号便是：你远行，我也一路呼应。

8 岁那年，米尼开始自主阅读《纳尼亚传奇》。下面两段随手记，是那段时日我们一起经历的风起云涌。

1. 故事有过去，有未来

今天特别好，米尼和爸爸长时间月下海边骑行，回来还读了两章《纳尼亚传奇 · 狮子、女巫与魔衣柜》。此夜终了，女巫从沉睡中惊醒。

躺进被窝时米尼说："这个故事好奇怪呀。它没有交代女巫的过去，也不知道这个世界以前发生的事情。"

"米尼，"我说着跳下床，"我来给你演绎伟大故事的轨迹吧！"

"伟大的故事，"我边说边猫下腰，"它一开始在你看不见的地方行走，突然！"我跳了起来，张牙舞爪走过床边，"故事出现在你面前！它会出现一段时间，接着，又隐去了。"我蹲下了，挪走了几步。

"米尼，你懂吗？"我眼光闪烁地看着他，"故事不仅是你看到的那一段。它有过去，有未来。"

米尼坐在床上，灯光里，一堆被子中间，他特别美。"所以我们要去预测和推理？"他说。

真是太帅了，米尼！是纳尼亚带我们到达这里。

2. 进入纳尼亚的魔法王国

《纳尼亚传奇 · 狮子、女巫与魔衣柜》里，蕴藏着古往今来一段最为离奇而生动的春天。

彼得、露茜、苏珊、埃德蒙4个孩子进入纳尼亚后，埃德蒙因为听信白女巫的话，与其他三人分道扬镳。从海狸先生家的餐桌上分开，孩子们走向不同的两条路。埃德蒙独自穿越月下雪野，来到白女巫的宫殿，去报告其他三人和狮王阿斯兰的行踪。而彼得他们则和海狸夫妇开始了逃亡，去石桌寻觅阿斯兰的踪迹。埃德蒙的路，是为了“得到”，得到王位、得到荣誉、得到土耳其软糖。但他从一开始就在失去，失去大衣，失去女巫原有的允诺，最后，他和女巫一起目睹了纳尼亚有史以来规模最浩大的冬天的溃败。而彼得他们的逃亡之路，却充满了意料之外的“得到”。圣诞老人的降临和馈赠是激动人心的小高潮。在这段时间交织而际遇截然不同的命运里，孩子们都在自问“什么（或者哪一边）是真正正义的？”

C.S. 刘易斯最大的温柔是，他不仅让露茜在初入纳尼亚时遇到了森林之神，从而得知白女巫是不义的；他同样也让埃德蒙在初入纳尼亚时遇见白女巫，以另一个角度去思考，正义仅仅是“别人告诉你的正义”吗？

彼得他们三个孩子获得圣诞礼物的桥段，使人性之高迈神圣在孩童身上得到彰显。而追随白女巫的埃德蒙，看到冬天在森林和河溪中大规模溃败，每一棵树都在抖落积雪，地上绿草络绎绽露，薄雾变成金黄色，流水潺潺，鲜花绽放，天地之间有千百只小鸟歌唱——这一段，则是自由的壮丽篇章。

回想我小时候看到死而复生的阿斯兰对露茜和苏珊说，女巫不懂得更古老的魔法时，因为心灵的激动，我大哭了一场。此刻，当米尼磕磕巴巴地自己读着这一场春天，我虽然假装在做别的事，却在边上红了眼眶。

那一瞬，我回到了我的小时候，想起那样的日子对孩子来说毫无知觉，却是如此珍贵稀有。

米尼一口气儿读到了大决战完，还有一章，这一本《纳尼亚传奇》就要结束。在阿斯兰复活的那一段，他屏住呼吸，满脸严肃，而当露茜和苏珊与复活的阿斯兰嬉闹蹦跳时，他又哈哈大笑，开心地跺着脚，大声地、飞快地朗读起来。

我读过许许多多遍《纳尼亚传奇》，但只有跟孩子一起读，才立刻理解了作者的节奏。理解为什么阿斯兰复活之后，他们不立刻赶赴女巫城堡或奔赴战场。

对孩子来说，在“复活”与“决战”之间，他们需要感受一些温情、日常的嬉闹，才能走出刚刚目睹的，那凄惨惊怖的心灵痛苦。

这是C.S.刘易斯的高明之处。文本真正的高级，有时候存在于节奏之中。它不陶醉在自己制造的情节高潮里，而给普通、幼小的心灵留有余地。高明的作者，首先是谦恭的。

那一夜的末了，结束阅读前，我把当年“妈妈号啕大哭”的段落指给米尼看。我们讨论了什么是太古深处的咒语，什么是女巫不知道的魔法。这是这本《纳尼亚传奇》的伟大奇迹。

在我过去和许多个体跟踪的孩子讨论这一段落时，虽然文本看似艰深，但孩子们总能在现实世界里找到对照。有个 11 岁男孩告诉我，白女巫理解的是纳尼亚的“魔法纪律”或“魔法法律”，而阿斯兰谈的，是更高的东西。

更高的东西是什么呢？牺牲是什么呢？C.S. 刘易斯用一种童话罕见使用的方式，通过邪恶对正义的屠杀与肆虐，向孩子们展现了“崇高人性”亘古长存，历劫不毁。

整个纳尼亚的世界，之所以超越无数幻想王国而历久弥新，最重要的，不是阿斯兰和 4 个孩子对白女巫使用了什么巨大的魔法或强烈的攻击，是阿斯兰的牺牲、彼得的坚韧和自省，是苏珊和露西的同情，是爱德蒙的回归。最大的魔法，是人性。这是儿童文学最高级的信仰。

经过近半个月的阅读，米尼依靠自己，终于进入纳尼亚。虽然马上就要读最后一章，但我们约定，未来要再次精读这本书，进入讨论环节。

在第一遍的阅读中，因为文本还比较难，我们只采用了推理、预测、分类等简单的阅读技巧。再次精读时，我们要给对方更有阻碍的考题，对纳尼亚做更多分析和再创造。

我觉得好幸福，因为纳尼亚王国玫瑰色的光笼罩着我们的海天。

31

和米尼谈作文结构

几千年来，
最好的故事和文章，都像是打架。

那天和米尼在海边散步时我和他谈起写作文的事。

“妈妈，我想不通的是，要写清楚一件事是很长的。”

“很长？很长是什么意思呢米尼？”

“就是要写清楚所有的动作。比如写中秋博饼[①]，就要从那天下午写起。阿嬷出去买东西，她怎么挑东西，怎么走回来，怎么把东西摆出来，那个东西代表什么，谁得到了什么……写清楚一件事，要花很长的时间呀。”

“米尼，我懂了。你在和我谈的，是作文里面一个很重要的

① 中秋博饼：闽南的中秋节习俗活动。

元素。这个元素叫作结构。结构，就是你要选择什么来组成你的作文、你的故事。你会开始和我谈这个话题，证明你已经在考虑怎么组织故事了。这一点思考特别棒。我和魔法王国一直在等你呢。”

秋风悠悠地飘荡在海面上，我们的心随波荡漾。

“以前，”我说，“一批举世最具才华的作家也有过米尼这样的疑问。他们试着把一段时间里每个想法、每个举动都源源不断地写下来。写出的故事都很厚很厚。后来人们把这样的写法叫作意识流。但是，”我转过头对孩子说，“即使最好的作家写的意识流小说，现在看的人也很少很少了。”

“为什么呢？”米尼问。

“嗯，”我想了一下，说，“也许是因为，没有人对唠唠叨叨又平常无奇的生活和心理感兴趣吧。几千年来，最好的故事和文章，都像是打架。”

“打架吗？”米尼眼睛一亮，问，“好的故事像打架？”

“对呀。”我点点头，低下身子亲了亲他的眼睛。就在这星光浮于波浪的海岬角，他已经长那么高了，魔法王国的力量开始在他身上呈现，而我却浑然未觉。

“米尼，现在你已经能读懂那些最高级的故事，能写出像落花一样的词句，但你还不懂故事的节奏。这就像一个士兵，他读过最好的兵书、拥有最厉害的武器，但他还不懂怎么打架。”

“写作文、写故事，怎么会是打架呢粲然？快告诉我呀粲然！”他说。

“嗯，”我看着他的眼睛，慢慢和他讲，“你们老师也会跟你们说，所有人都会说，好的文章要打动别人的心。打动人心，就是心灵力量的打架。”

此时我和他相对而立，波涛耸峙。这是千万年来无数诗人、文人面对过的大海。海风吹舞，此刻，我就要将魔法王国的至高秘密交给我的孩子。

“写普普通通的文章，就像打架的时候，东一下西一下拍打别人的身体。”我边说，边在他身上比画着，“但是，真正高级的文章，真正高级的故事，它会囤积力量，它所做的，就是最后猛地一下抓住你！”我倾上前去，猛地一下抓住他的肩膀，一手扼住他的喉咙，一手托住他的后脑勺，引他往后倒去。

“好的文章，它的结构就像一场打架，要的是最后抓住读它的人，把对方的心掀翻。”我喘着气儿，仍旧看着他的眼睛说，“让对方害怕也好，让对方感动也好，逗笑对方也好，让别人觉得气愤和恶心都没关系。好的文章，它的结构就是那股力量。”

现在我俩都坐在海边的草地上，肩并肩。米尼，在这样星夜之下，我想跟你讲无数先贤，讲曹操、苏东坡，讲陶渊明、辛弃疾，讲笑笑生、陀思妥耶夫斯基，讲卡佛、海明威，讲无数深深震撼我的伟大故事和人，讲那些盛满我心灵的故事。但不行。你有你的路。你必须潜入自己心灵炼狱，去遇见自己的维吉尔。

“以后，你会遇到许许多多人，他们会告诉你，作文该这样写！不该那样写！每个人都会说出这样点评别人的话。”我看着苍穹说。

“你也会继续写出很多很多结构不好的文章，就是那种流水账的文章。”我看着最亮的那颗星说。

“但是，米尼，根本不用在意这些事，一点儿都不用在意。”我扭过头，看着我的孩子说。

“你只要记得，每次写文章，写故事，你都是一个战士。你要留下一股力量最后把对手掀倒。记得这个感觉就好。”

星辰之下，万古之上，我和他都在发光。

“这个感觉，会带你找到你的结构。”

随随便便丢了 4 分

人生这份考卷，要考一辈子。哪怕到你已经八九十岁，妈妈还是会为你呐喊——要小心审题，大胆答卷！

晚上做睡前准备的时候，我和米尼聊起“今天语文考得怎样”这件事。

“嗯……作文没写够字数。”他跳上床，仍然把玩着乐高小人，说。

“是考试时间来不及吗？”我问。

“不是。”他抬起头，眼神澄澈，又带着孩子气的漫不经心，“不是时间来不及，是我觉得这样就可以了，写这么多就好了，随便吧。”

“这样呀。”我说。

他把乐高小人慎重地放回台灯下，点了点头："可能会扣 4 分吧。作文字数不够会扣 4 分。"

他一边说，一边脱下长裤递给我。

"那你为什么不多写一点儿呢？"我把裤子放好，调暗灯光，坐在了床沿。

"哎呀，随便啦。"他掀开被窝，欢快地吸了口气，白天晒过的被子香喷喷的，像临睡前依然蓬勃的孩子。"没关系的。"米尼总结说。

我看着他，像一个上路很久的人看着刚踏上旅程的新手。我意识到，我对心中的爱毫无办法。

"米尼，我告诉过你，上学不仅仅是学语文呀、数学呀、英语呀这些东西，上学还在学一个重要的学科，对不对？"我揉了揉孩子的头发，说。

"嗯！你说过，上学还在学习怎样考试。'考试课'也是很重要的一门课。"

"说得真好。米尼。"我掖了掖他的被角，说，"听起来，'考试课'就是学校里一次一次考试，可它的内容其实比一张张考卷还多。'考试课'的考官也不是老师。"

"不是老师吗？不是数学老师加语文老师加英语老师加体育老师加乱七八糟老师吗？那给'考试课'出卷子的老师是谁呢？"刚满 9 岁的孩子瞪大眼睛。

“给‘考试课’出卷子的老师，是人的命运。”每次他瞪大眼睛，我就忍不住倾上前去亲他的脸。“就像你在所有神话里看到的，是命运天神。”

“命运怎么会出考卷呢妈妈？”他问。

我认认真真看着他的眼睛：“命运会给每个人出考题。自以为好看的人，会收到‘老了怎么办’的考卷；自以为被很多人爱的人，会收到‘一下子孤独了’的考卷；什么都做到最好、什么都要第一名的人，会收到‘突然发现自己没什么了不起’的考卷；随随便便面对自己人生、觉得怎样都可以的人，命运也会给他一张严厉的考卷。”

“随随便便的人得到的考卷会是什么样的呢？”孩子追问道。

写过这张考卷的、曾经那么傲慢的人叹了口气，我听见自己回答说：“这张考卷可厉害呢！这张考卷的题目是‘得不到想要的东西怎么办’。”

米尼咯咯咯地笑起来，手舞足蹈：“那我就回答‘我不随便了，我很认真’，这样回答就好了呀！”

冬天夜灯之下，大海之畔，一室荒寒之中，无限温柔涌上我心头。“傻孩子，”我握住他的手，很慢很慢地说，“命运的考卷要用自己全部身心、所有行动、所有想法来回答。”

“呀。”我的孩子说。

“你想想看，一个总是随随便便的人，怎么能突然全身心地努力、全身心地认真呢？”我搓着他放在被子外的小手，说，“就像突然考了从来没学过的知识，拿到考题的人，就会很害怕、很心慌、不知道怎么办，抱怨老师和命运，觉得非常难受。”

中夜宁静，外面马路上偶有车声。我把他的小手贴在脸上：“米尼的妈妈呀，以前在命运的考卷面前可吓哭了呢。”我老老实实地说。

“妈妈，”孩子说，他挪过来，伸长手，抹了抹我脸上其实并不存在的眼泪，“要是回答不出命运的考卷，会怎么样呢？会一直一直留在学校里吗？”

我忍住笑，说：“回答不出命运的考卷，有的人会变得很委屈、很愤怒。他们会停留在那个题目上，不能升学，不能朝前走。有的人会拼命去学，好看的人学习变丑变老，被很多人爱过的人学习爱人，计较的人学习无私，像我们这样随随便便的人，”我停了停，我听到自己内心的答案，便把它说给此刻最爱的人听，“像我们这样随随便便的人，就咬着牙去学习一丝不苟、全心投入。”

“米尼，”我说，拿亮澄澄的眼睛去看孩子亮澄澄的眼睛，“你告诉我你在考试里随随便便丢了4分。我说过，分数并不是最重要的，但随随便便面对考试，就是随随便便面对自己的努力，这的确是不行的。总有一天，你会接到‘给随随便便的米尼’的命运考卷，到那时候，你可能会害怕、惊慌，甚至觉得很痛苦。米尼，一丝不苟、全神贯注，就能完成你命运的考卷。”

夜又深了一点儿，我关掉小夜灯，冬夜特有、寒暖交集的黑暗慢慢弥散开来。

孩子在黑暗中沉默了一会儿。在给我晚安吻之前，他突然说：“妈妈，命运的考卷要考很久吗？一节课还是 60 分钟？”

我终于忍不住笑出声来：“傻米尼，命运的考卷要考一辈子呢。从现在，到你很老很老的时候。”

“唔？”他含糊地在喉咙口问。

“妈妈现在也还在答卷，很努力地回答命运给我的题目。”我亲了亲他，在他耳边说，“直到米尼很老很老的时候，你也会坚持回答你的命运考卷。直到那时候，”我顿了顿，他转过头，拿他湿湿的小嘴随随便便地亲我的脸。

“直到那个时候，米尼的命运考卷上写了好多好多答案，有对的，有错的，”我听见自己很小声地说，“但没有关系，妈妈仍然站在这里，永远鼓励你‘认真审题，大胆回答’，一直一直地爱你。”

33

你的爱，是无边无际的天空

喜欢谁，不喜欢谁，不会让你变得更坏，
不会让你没有爱。你的爱是一直在的，
是你无边无际的天空。

临睡前，米尼凑在我旁边蹭来蹭去，突然说："妈妈，我不那么爱妈妈了。"

"好的，米尼。你可以自己决定。"我和以前一样摸了摸他的脸，又翻了一页书，说。

他依旧蹭来蹭去，停了一会儿说："我越长大越觉得，嗯，觉得妈妈没什么用了。"

我抬起眼看了看他，他眼睛瞪得大大的，也看着我，才知道他悬着心。

"很正常呀，这是正常的。你会觉得妈妈没用了，再长大一点儿，你可能还会觉得妈妈烦了，讨厌了。这些都很正常呀，米尼。”我靠过去，握住他的小手。

他的小手过敏初愈，摸上去既粗粝又温暖，手和手之间发出微弱的沙沙声。

“没问题对不对？就像讨厌爷爷一样，都是可以的对不对？”他仍旧瞪大眼睛看着我。

我把手指弯成O形，在他身上来回“扫描”一番，大声回答说：“很正常！没问题！”

他明显地松了一口气儿，眼睛也笑得弯弯的。我的心里，因为这样的他，突然涌起巨大的温柔。

“米尼，”我说，虽然是暗夜窃语，却感觉全身心都在呼喊着自己最爱的孩子，“不要担心，米尼。这些都是正常的。”我把他的手贴在自己脸上，在我们母子之间，这样的动作，代表“请听我说”。

“你想象一下，你是新型动力赛车的小赛车手，妈妈是老赛车手。你的车马上就要从起点出发，开向新世界了。而妈妈的车，已经在世界上绕了一圈又一圈，有那么一点点经验，给你传输‘秘密轨道地图’。”

“赛车地图吗？”他满眼发光地看向我。

“嗯！米尼赛车手，米尼赛车手，”我把手当成话筒，放在嘴边说，“听得见我说话吗？米尼赛车手？”

“听见了，听见了，妈妈赛车手！”他说。

“未来的路上，你真的会经历很多事哦！”我边说边用力地点着头，“你会喜欢很多人。喜欢人的感觉，就好像开着赛车在大草原和大海边狂飙突进，你和汽车都充满燃料，充满力气，开得飞快。真是太幸福了。”

“可是，”我继续对着“话筒”说，“你也会讨厌别人、遗弃别人。你也会被别人讨厌，被别人遗弃。这些感觉，就好像开着车在大风雨里，开着车在爬山路。车开得很慢，天地里都是哭泣的声音，路好难走。怎么会这样呢？怎么会这样呢！每个车手，都会在赛车中遇到这样的路。”

“我明白。佐罗力开超级赛车的时候，也是这样的。”他说。

“真好。棒极了！”我对着“话筒”说，“我看见米尼做好出发的准备了。好的路是‘在一起很开心’，艰难的路是‘讨厌在一起’，米尼赛车手知道‘爱’是什么吗？”

他想了想，摇了摇头。

“米尼，‘爱’是开车出发以后的天空。无论你去到哪里，你的爱都在。没有边界，不需要呼唤，不需要担心。”我低下头，看着他的眼睛，“你当然可以觉得妈妈没用了，你当然可以想一个人待着，也当然可以决定和任何人在一起。喜欢谁，不喜欢谁，不会让你变得更坏，不会让你没有爱。你的爱是一直在的，是你无边无际的天空。”

初夏此夜，凉爽的风吹来，我看着璀璨的星空，“妈妈赛车手”打通了“米尼赛车手”的电话，把在世上旅行几十年得到的“通讯地图”传输给了他。

34

离开李尔王的荒野——来吧，8 岁

爸爸妈妈对孩子的爱，是他们对世界的结论。孩子对爸爸妈妈的爱，是他们去往世界的开始。

前几天的一个清晨，时间尚裕，我和米尼双脚交叠，躺在床上说着话。

海边的秋凉自窗纱处零零落落透进来，他又说起“虽然妈妈很爱我，但我已经慢慢不那么爱妈妈”，脸有哀凄。

“我也跟你讲过呀，这没有关系。你可以不爱妈妈，你完全可以有自己的感受。”我拿手枕着头，第一百零一次回应这件事。

“米尼，我给你讲个故事吧。”这一次，我换了另一个办法。他的眼睛比晨光明亮。

“我突然想起来，莎士比亚写过一个故事，里面有个女孩和你有点儿相像。”我说。

“女孩嘛……”他有点儿不满意地说，我笑了笑，兀自说下去。

“这个故事说的是，很久很久以前，不列颠有个李尔王，他有三个女儿。李尔王老了，他觉得自己无力再治理国家，就想了个主意。他把三个女儿叫来，跟她们说：‘我要把我的王国分给你们三个。现在，你们一个一个告诉我，你们到底有多爱我。最爱我的那个，我要给她最多封地。’这就是有名的‘因爱分封’。”

说到这里，我停了停。怀里的孩子瞪大眼睛，小脚缩在我的脚窝里，一动不动。

“李尔王的大女儿和二女儿说自己最爱爸爸，爸爸是自己在世界上唯一爱的、最爱的人。只有最受宠的小女儿，她说自己的确爱爸爸，但以后她还会爱自己的丈夫、自己的孩子，还会爱很多很多人、很多很多事，她也不知道，什么会是她最爱的。李尔王听了大女儿、二女儿的话，非常开心，听了小女儿的话，龙颜大怒，觉得自己白疼了这个女儿，好心被当成驴肝肺！一气之下，只把国土分给了大女儿、二女儿，把小女儿远嫁给了法国国王，远远地赶出门去。”

我停了停，在我和米尼的对谈中，莎士比亚曾莅临过几次。在我叙说时，我也在聆听，并意识到，我和我的孩子正站在这闪着熠熠人性之光的巨著中。

“李尔王退休之后，他的国土和财产全部都给了两个女儿。

他带着100人的卫队，有几天住在大女儿这里，有几天住在二女儿那里。渐渐的，他的两个女儿有点儿厌烦这样的生活。有一次，他住在大女儿的城堡里时，大女儿对他说：‘爸爸，你的护卫队人太多了，又那么吵吵嚷嚷。你把你的护卫队减掉一半人数吧。我这边的仆人足够伺候你了。’

“李尔王听了这样的话，非常生气。他觉得大女儿背叛了当初的花言巧语，并不是以他的喜好、他的愉悦为第一目的。他暴跳如雷，疯狂地咒骂他的大女儿。他马上率领100人的护卫队离开大女儿的城堡，到二女儿那去。没想到，二女儿做得更绝，她关上城门，说还没到说好的时间，李尔王不能住到她家去，甚至还要求李尔王把护卫队减到一个都不剩。李尔王觉得自己被两个女儿蒙骗了，现在已一无所有。他气得发了疯，离开了两个女儿的城邦，把自己放逐到荒野上流浪。”

我又停了停。海边的秋风里似乎总夹杂着雨声，竖起耳朵认真听，又一片寂然。在清晨的寂静里，有人拖着旅行箱从楼下走过，滚轮在石头路上磕磕作响。

自我的爸爸因为脑损伤引起记忆受损后，这些年来，许多瞬间，我都发现自己在有意识地用力记忆：记下话语、记下情景、记下气息、记下感觉……尽可能记录一切。归根到底，是想竭力记下自己存在过、曾认真地爱过、并被珍贵地爱着的证据吧。

这些来自空无的甜蜜，究竟在何时，又会以怎样的方式回归空无？而我还在一次又一次握住拳头、松开拳头，握住拳头、松开拳头……

“李尔王把自己放逐到暴风雨咆哮的荒野上，大声咒骂着这个欺骗了他的世界，咒骂着所有折磨他的苦难，奄奄一息。

“他的小女儿知道父亲的遭遇，非常难过，她带领法国军队，前来讨伐她的两个姐姐。两军交战！结果小女儿战败了。她被她的姐姐们下令杀死。这个故事的最后，李尔王抱着自己小女儿的尸体，这才明白小女儿是最爱他的。他非常后悔难过，也随之死去。”

我亲了亲怀里的孩子。

“没了？”他问。

“没了。”我说，“故事结束了。故事里那个小女儿的回答，是不是有点儿像你？她不肯答应父亲，不肯说自己最最爱他。”

“可是，”孩子从我怀里稍稍挣脱开，直直地看进我的眼里，说，“妈妈，我觉得李尔王的大女儿没有错呀。”

“嗯？说说看。”我说。

“李尔王不能这样，他不能因爱分封。不能拿分奖品来要求别人告诉他有多爱自己。”他皱着眉头，边想边吃力地组织语言，“这是错的。爱就是爱，不是奖品。这样的爱肯定会带来欺骗。”

他顿了顿，双手交叉在一起，搓来搓去。对他而言，显然这是一个不容易解释的问题。但他板着脸，极力想把自己的理由说清，“李尔王的二女儿错得比较多，她不应该不让爸爸进她的城堡。但是，”他的小手揉得红红的，小脸也是通红，微微喘息，

“但是，妈妈。李尔王已经把王国和财产给了他的孩子，他的孩子有权利决定自己的国家。李尔王如果没有威胁他的孩子……李尔王如果没有威胁他的孩子……”说到这里他停顿了很久。

他绞尽脑汁，想以一己之力改写这千古悲剧，但他的力量太小了，他困在自己的无能为力和气恼里，无以为继。

“我知道，妈妈理解了，”我靠近他，一下一下抚着他憋得通红的脸，“我懂了，米尼真是太好了，米尼很好。”我说。

我俩抱在一起，安静了一会儿。

“你要说的和我想说的，是一样的。”我非常慢、非常慢地说，“之所以说这个故事，就是想告诉你。那种一味要求别人只爱他，只为一个人、一种事奉献的爱，那种只听从一个人的爱，会造成巨大的痛苦。同样，你说得对，这种带着威胁的爱，一定会带来欺骗。这一点，”我咬了咬微微颤抖的嘴唇，说，“米尼都感觉到了，做妈妈的非常高兴，非常为你骄傲。”

“正因为这样，虽然妈妈总是说‘米尼是妈妈最大的爱’，但妈妈一点儿都不希望米尼只爱妈妈，一点儿都不希望米尼只听妈妈的话。这件事，你根本不需要内疚，根本不需要介意。”

我握了握他刚才揉红的手，一根手指一根手指地把他的小拳头掰开，继续说：“只有在一开始，在米尼长大的最初，我俩都认识到这一点，在妈妈年老后，妈妈才不用像李尔王一样，把自己流放到暴风雨的荒野，才不会咒骂全世界都欺骗了我。请米尼去爱他的世界吧，妈妈也会守护好妈妈自己的国土，绝对不会因为想要你的爱，把自己的国土送给你的。”

说到这里，我俩都笑了。

啊，终于说出来了！虽然心里空落落的，不过我的爸爸妈妈也尝过这样的孤单和失落吧。谢谢爸爸和妈妈，我爱你们，我也爱我的世界。

“爸爸妈妈对孩子的爱，是他们对世界的结论。孩子对爸爸妈妈的爱，是他们去往世界的开始。所以，肯定是不一样的。”我还对我的孩子这样说。

“什么是结论？”他问。

“嗯，比如说这是一个写爸爸妈妈的故事，最后的结局是‘他们经历了重重冒险，最后，他们在海边安了家，生下了一个又好看又可爱的孩子，从此过上了快乐的生活’。结论就是这句话。我这样说，你懂吗？”

我的孩子点点头。

“但如果这是个专门写孩子的故事，故事的开头就会写‘从前有个孩子，他又帅又可爱，他爸爸妈妈很爱他。有一天，他决定出门闯世界……’。孩子对爸爸妈妈的爱，就是故事的开头。”我又说，心里充满终将离别的柔情蜜意，“孩子可以回家，也可以去历险和流浪。”说完这些话，晨光乍亮。

谢谢莎士比亚，在你充满荣光的伟大故事里，我和他为彼此松了绑。

35

普通的故事与高超的故事

做高超的阅读和创作者，不要服务于某一个道理，要为写出那样的故事终生努力，要寻找让人心灵发热的事物。

要开始帮米尼进行语文期末复习了，不知道要复习啥，于是我给他讲了个故事。

“米尼，童话里有个《猫和老鼠的故事》，这个传说发生在猫和老鼠之间，我暂且取消他们在故事里的对号入座，你猜猜，猫做了什么，老鼠做了什么？好不好？”

“好。”米尼说。

“从前，猫和老鼠是互相坚贞的好朋友。他们住在一起，谁也不背叛谁。有一天，他们得到了一罐头肉。他们把这个罐头藏在教堂地板下，约定到冬天没有食物的时候再拿出来吃。过了一阵子——注意，这个故事要变了——过了一阵子，猫和老鼠里面的其中一只，我们叫它小 A 吧，小 A 起了馋心，它决定去偷吃罐头肉。它就对另一只，哦，小 B 说：‘我去走亲戚。’它独自刨出罐头，吃了最上面的肉皮，再把罐头埋进去，心满意足地回家。小 B 问它：‘你亲戚怎么样？’小 A 说：‘它很好，生了个孩子，叫去皮。’

“第二次，小 A 又如法炮制去偷吃，吃了一大半。回来它对小 B 说：‘亲戚家又生了个娃，叫过半。’

“第三次，亲戚家孩子就叫一扫光。当然了，罐头里的肉都被小 A 神不知鬼不觉地吃完了。

“寒冷的冬天到了，小 A 和小 B 一起去教堂挖出罐头。小 B 发现罐头里什么都没有。小 A 还在装没事人儿。突然，小 B 大叫起来：‘什么去皮、过半、一扫光！我知道了，这一年就是你吃了全部的罐头！’

“米尼，注意了，故事的结局是：猫跳了起来，一口吃掉了老鼠。现在我问你，小 A 是谁，小 B 是谁？”

孩子在暗夜中想了一会儿，慢条斯里地说：“老鼠一直偷吃罐头，最后被生气的猫一口吃掉，从此猫就专门吃老鼠。A 是老鼠，B 是猫，听起来很合理，很多故事都是这样编的。”

冬夜肃杀，成长就是日常又惊心动魄。我动了动嘴，还没等我说什么，他思忖着又开口了：“但是，说猫一直偷吃罐头，被老鼠发现了，一口气儿吞了老鼠，这也是可以的。那么，小 A 就成了猫，小 B 就成了老鼠。”

我的心怦怦跳起来。好米尼！我在寒冷里握住他的手，说："你看到了两个截然不同的故事，真是了不起。那你以一个勇敢的阅读者和创作者的身份回答我，你最喜欢哪个故事？"我又问。

他停了一下，几乎马上叫起来："我喜欢猫一直偷吃罐头，最后连老鼠都吃了的故事。"

"为什么？"我又问。

"嗯，"到这里他卡了壳，结结巴巴地说，"因为，因为猫一直是这样的，这个故事就很好。"

"你真帅！"我忍不住说，"你已经具有超级厉害的阅读和创作敏感力。我真骄傲呀米尼！"我趴在他耳边说。

"哎呀痒死了。"他说

我半蹲在被窝里，伸出两只指头。

"米尼，你看到了两个故事。一对互相忠贞的朋友，老鼠背叛了猫，一直去偷吃。最后另一个朋友，更强有力的那只猫，惩罚了老鼠，惩恶扬善。这个故事告诉我们不能欺骗。这是一个有道理的故事，但它是个平庸的故事。这个故事里除了道理和善恶，没有性格，没有人心的冲突。

"另一个故事，一只猫，强有力的那一方违背了承诺，恶行败露后吞吃了弱的一方。它为什么这么做？"我热切地看着孩子。

“因为它觉得事情败露了！”孩子喊。

“没错。它可能很害怕、很自责、很懊悔、很恼怒，但它最后选择了彻底的恶，彻底地背叛了自我。这样的故事才有冲突，有深刻的人性。它像通往地心的隧道，而第一个故事就是个观光岩洞。第二个故事，你会记得那只猫，你会不断想，那只猫后来怎么样了。但第一个故事，你什么都不会记得，故事结束了，就没有了。在结尾就结束的故事，就是普通的故事。第二个故事，它很短，但有力量。它冲击了我们，激起了你的感情。它就是莎士比亚的《麦克白》，它就是勃朗特的《呼啸山庄》。”

“做高超的阅读和创作者，不要服务于某一个道理，要为写出那样的故事终生努力，要寻找让人心灵发热的事物。米尼，语文考试顺利！”

然后我们就一起睡着了。

36

怎么给随随便便的孩子设立目标

一次改变一件事就好，立刻、马上改变一件事就行。不需要允诺那么多，答应太多事，反而什么都做不好。

米尼读小学四年级了，最近我们进行了一次关于设立目标的谈话。那天是午后，我正和米尼放松冥想。我用脚尖踢了踢四仰八叉躺在地上的米尼，说："四年级下学期了哦，我们开始认真学习吧？"

"呀！可我还是想做一个随随便便的人。"

我捋了捋头发，躺在他旁边，我们一起看着天花板，半晌无言。

"可是你已经随便了4年了。"我说。

"我太走运了。我有时候想，我的爸爸妈妈跟别人的爸爸妈妈一点儿都不一样。你们一定是机器人变的，来自"高级文明”，为了让我过上随心所欲的日子，才来到这个“低级文明”的世界。”

我翻了个白眼，不为所动地说：“机器人决定要在人类世界扬眉吐气了。机器人必须要求他们的小孩要考高分了。我要严格要求你了！”

“是会打我吗？”米尼认真又小心地问，他听过一肚子这样的事。

我想了想说：“也不是啦，这不是我和猴子的风格。严格要求嘛……比如，考完试我们一起进行错题修改。就做这个吧！”

“哎呀，不要啦！反正我不可能成为学霸的！”从小学一年级到四年级，从来没在家里做过错题修改的小孩哀嚎了一声。

我翻转身子，凑近他说：“不对，米尼。这 4 年，你从来都是随随便便，没有人要求你考多少分，没有人要求你认真达成什么目标，没有培训班，甚至没有复习，你有大把的时间花在发呆、看书、画漫画上。我说的对不对？”

“对！”米尼应了一声。

“到四年级了，你的成绩一直不差，很稳定。我们用 4 年时间看清楚一件事，一件很重要的事。”

“什么事？”

“我们看到了，你用自己的能力去学，没有目标、没有加码，即使这样学，你也能完成基本线以上的要求，偶尔还能拿很好的成绩。所有人都能看到你的潜力，这是你自己最初始的学习力、创造力、理解力。米尼你想，最差也就是这样，不努力，随随便便学，也不错呀！那你想不想看看系统迭代的自己会怎样？”

他坐起来，边听着，小脸边慢慢地放出光来，然后说：“身体里很多声音在交战。但算了，我觉得我最擅长做随随便便的人。”

“当然啦！每个人都擅长做随随便便的人。但是，难道你对迭代进化一个新米尼不感到好奇吗？要不要做点与众不同的事？”

“需要多努力呢？”他开始一脸戒备，小脸上露出讨价还价的神情。

“不需要多努力。没有数据，没有考核标准，没有目标。那些没事就让孩子“努力！努力！”的大人就是莫名其妙。我们先来看看你第一单元的考卷吧。”

米尼被“不需要多努力”的妈妈震慑了，拿来第一单元考卷，我们头碰头趴在地板上，开始做错题分析。

“你看，你其实已经很牛了。这两题是你不懂的，不懂就不懂，考试总有想不通的题目。除了这两道题，其他的错误都是因为你审错题。如果把这些审错的题都做对，你能考几分？”

“96分。看来下回考试我要认真复习，要三思。”

“为什么要认真复习和三思呢？”

“认真复习就能把不懂的分数赚回来，三思就会把审错题的分数赚回来，然后就可以考100分。你们大人不是要听这样的话吗？”

我哈哈大笑，亲了亲他的小肥脸。

“你去哪里学的这些想法？一次改变一件事就好，立刻、马上改变一件事就行。不需要允诺那么多，答应太多事，反而什么都做不好。考试有不懂的题，丢分的题，非常正常，就像做生意就一定会有损耗一样。考试时因为不懂而丢分，我们把它当作成本，未来可以通过系统改革来降低成本增加效能，但现在我们根本不需要去考虑它。我们马上可以改变的，是审错题导致的丢分项。我们要设立一个目标，用三次考试的时间，逐步减少、最后彻底杜绝审错题丢分。”

“呀！可我还是想做一个随随便便的人啊。”

我让他自己设置了“避免审错题”的方法。

“做得很好，米尼。想象一下，你的考卷就是一个生产车间。车间里很多工人因为粗心大意，操作失误，被机器卷入手指脚趾，血肉横飞。现在，厂长米尼决定要改变了！墙上贴着厂长写的大字：认真审题！减少差错率！下次考试，我们用错题率来检验厂长米尼的方法好不好用。如果好用，我们就坚决执行下去。如果不好用，我们一起改进，好吗？”

“好呀，粲然。”

“用10次考试来检验差错率能不能大量减少吧。以你的水平，10次95分的考试，能证明厂长的管理行之有效。如果是这样，我们也来一个绩效目标吧。”

我望向窗外，春光朗朗，孩子就是春天的夜莺。

“今年夏天去长途旅行吧！我们一起写下我们的梦想旅行地点。拿下这个学期的所有考试，我们就去旅行吧！”

“不当学霸，也能旅行吗？”

“不是为了成为什么人才获得奖励，而是去挑战一个又一个的目标，充满一次又一次的成就感，因为人生需要成就感，要把过去的自己当作对手而设立目标。因此，不要害怕目标，怎么样都可以去旅行，但成长了去旅行，一定是最好的。”

聊天魔法锦囊

和孩子的合作式对话里，以下四个策略将成为有效支持。

策略一：设定一个“变身魔咒”

“变身魔咒”来源于三五锄的某套写作课题，后来它成为我和我孩子沟通时自觉使用的一个“咒语”。这个咒语可以由每家自己设定（我们家是“嗒巴布拉！”）。在谈话中使用这个咒语，就是要谈话双方互换身份，也就是开启“换位思考”的邀请。

在孩子还小的时候（学龄前）启用“变身魔咒”进行换位思考，多数情况是孩子遇到来自外部的突发事情从而情绪激烈的时候。他还无法清晰阐述自己的感受，也不能明确表达这些情绪来源于哪些具体事件，采用“换位思考”，站在孩子的角度协助他梳理感受，这是成人在带领孩子进行自我情绪觉察，也能使孩子感受到成人的理解和支持。

当孩子逐渐长大，启用“变身魔咒”进行换位思考，更多发生在父母和孩子发生矛盾时。在一种平等状态下，站在对方位置进行思考，更有利于发展共情力和家庭合作。多采用“你是我，你会怎么想？你会怎么做？”这样的问题，在日常多做“变身”练习，多做换位思考，使它成为家庭沟通的常态。

策略二：多提问，而不是多给结论

在我和孩子的很多对话里，大家不难发现，一开始我总是以提问方式引导孩子就具体问题和情绪感受展开讨论。当孩子年幼或面对的事件较为复杂时，可以从封闭式提问入手，比如“这两种选择，你认为哪一种好？”“你的感受是A还是B？”当孩子逐渐长大，更清晰自己的感受，更富有独立思考能力，能更好地驾驭语言后，便可以用开放式提问推进对话。

这么多年，我们极大地受益于这种以平等、开放式提问开启对话的形式。多提问，防止成人一厢情愿的判断，让孩子有机会表达自己的看法；成人把自己放在“倾听者”的角色上，不去争夺孩子成长的主控权；用问题引导孩子深入思考，并真切地感觉到答案来源于内心，而不是从属于成人。如果成人在对话中过多、过快给出武断结论，聊天就变成了主观说教，太容易“把天聊死”。

策略三：有指向的关键对话要提出动议并设立有效目标

随着孩子成长和自己创业、管理团队之后，我越来越意识到，很多原本指向改变的重要对话因为失焦，对需要改变的事实起不了任何作用。比如孩子喜欢玩游戏，很多爸爸妈妈使出浑身解数、多次谈话，孩子反而越来越沉迷游戏。可谓“好说歹说都无济于事”。这是为什么呢？因为这样的重要对话不是基于“要对现实有所改变”为坚定出发点来进行的。爸爸妈妈只是想发泄情绪、试探、博弈，甚至示爱示好，用“以物易物”的手段来要求孩子给予相应的行动。

大部分围绕“改变”的家庭对话都始于指责抱怨，夹杂比较，终于利诱，变成了如下三段论：

- “你看看你，成天打游戏，学习都学不好，也从来不干家务活。你爸都快被你气死了！”
- “别人家的小明从来不玩游戏，每科都考第一名！”
- “爸爸妈妈爱你。只要你不玩游戏，考上前十名，爸爸妈妈就带你去迪士尼玩！”

这种谈话模式，依然是父母的“一言堂”。要坚信对话可以推动事情真实的改变，并把改变的主导权交给孩子。不继续使用“如果你改变了，凡事好商量”“爸爸妈妈爱你，只要你改变了，会更爱你”之类的语句，而是邀请孩子围绕这一论题，一起提出改变的动议。什么是动议呢？就是“建议采取某项行动的提议”。具体分三步走：

- 第一步，每个人都围绕“怎样减少游戏对学习的冲击”这一议题作出相应的“我提议”。
- 第二步，商榷各种提议的可执行性，由孩子最终确定“我想怎么做”。
- 第三步，给这样的行动设立一个观察时间和一个有效目标。比如行动时间为 28 天，有效目标是“每周减少一半的游戏时间”“提前到九点上床”等。

在父母与孩子密切联结的美妙人生中，我们会进行无数次深入心灵的温情聊天，也一定会进行很多次修正式的关键对话。不要让这样的对话陷于互相抱怨指责的淤泥中，而要齐心协力推进人生务实而积极的改变。

策略四：创造画面

要和没有太多人生经验的孩子谈人生，好策略不是讲道理，而是“创造内心画面”，要让孩子能在心里“看到”你描述的场景。你要身临其境地想象他能看到什么、听到什么、能有什么行动、能引发怎样的喜怒哀乐。当孩子心中兴起这样的场景想象，他就会自然而然地参与你的话题，并认真地思考。

以上四个策略，经常出现在我们的亲子对话中。或者说，在我们的对话里，它们已经不是策略，而是亲子合作式对话的心灵途径。当然，无论策略抑或途径，它们存在的底层逻辑都是让我们共同构建的人生更平等、更务实、更亲密、更富有感知力，因为重要的是对话的双方，而不是某一条“非用不可”的策略。

第三部分

与世界对话的魔法

怎么聊天才能培养孩子应对未来的能力

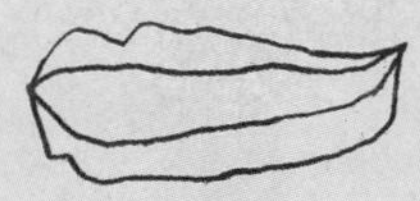

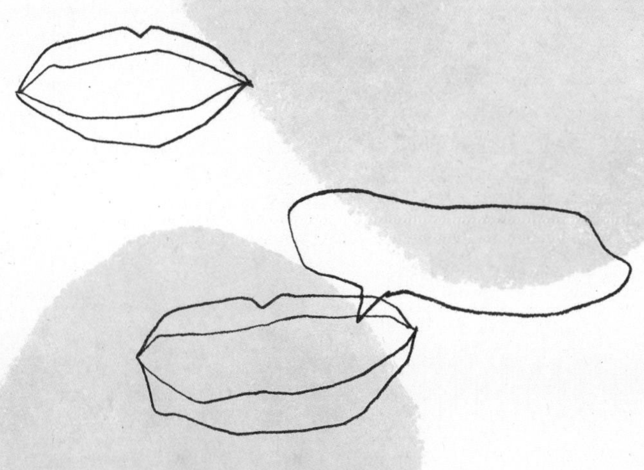

37

米尼做官

比荣誉等身的人生更绚烂千百倍的，
是合力开拓一个自由平等的美丽新世界。

端午节时，小杜[①]在古庙门口被拉去玩小鸟叼签算命，算完他在那里哭嚎："我算命花了 300 块！我花了 300 块！我要报销！出差报销！"

米尼认认真真地安慰他说："可是小鸟叼出来的签说你会活到 98 岁，你赚死了好吗？"小杜用眼角看了他一眼，继续哭嚎："我算命花了 300 块！我花了 300 块！我要报销！出差报销！"

末了正待起身，算命先生横过眼扫了一下米尼，像"点名"一样说："这孩子会当官哪。"句末语气上提，这是一句祈使句，我和我妈同时意识到之后是"欲听详情，留下买路钱"的意思。

---

① 小杜：三五锄儿童部的老师。

米尼却好像被命运之神击中了似的，一瞬间两眼放光，小脸飘荡着做梦似的神采。

我们继续朝前走，米尼拉着我的手，跟在后头，嘴里喃喃自语，末了总结说："妈妈，那个算命先生好厉害！我都没想过我会做官。我到底哪一辈子会做官呢？"我心里大笑，却不说话。

回家米尼又跟爸爸说了一次，猴子问他："做官有什么好？"他默默不语。"做官你就可以跟人民拿很多钱，对吗？"猴子又问。米尼惊异地瞪大眼睛，然后说："我是想，做了官我就可以送人民很多钱！"他爸爸倒抽一口气儿，说："那有什么好！那还做什么官?!"米尼一时无言，靠在我怀里，粉嘟嘟的脸，毛茸茸的头发。

我心里还是笑，却不由得搂住他说："米尼，你爸爸说的那种官和你说的那种官，都是一样的人呀。"

"爸爸想跟人民要钱，而我想给人民钱。"他很认真地反驳我。

我一下一下摸着他的背，说："没错，没错。爸爸想的那种官，是要财宝的。你想的那种官，虽然想做很多好事，但心里，你想大家夸奖你，说你是大英雄。对不对？"

"嗯！"他说，"我想当好官！"

我点点头。"爸爸要的，是求财，你要的，是求表扬。你们其实都是觉得做官这种事，跟别的工作很不同、很得意。但是，做官其实是很普通的事。”

米尼用亮亮的眼睛看我，我慢慢地跟他讲：“做官，在未来的世界，就是一个很常见的工作。做官是什么意思呢？就是带领一个团队，要开会，要分配任务……那个组织者就是官。你参加过我们的会，喊大家开会，讨论什么任务给谁做的人，比如郭佳[①]、贝贝，她们是不是比别人了不起呢？”

他想了想，昂然说：“根本没有。在会议中所有人是平等的。”

我看着他，心里冉冉升起一点儿微渺又灿然的希望。我希望他自有理想去追逐自己的光荣人生，也希望他以及未来所有孩子意识到，比荣誉等身的人生更绚烂千百倍的，是合力开拓一个自由平等的美丽新世界。

---

① 郭佳：三五锄儿童部的老师。

38

我的天赋是大自然

“天赋”就是，你到这个世界上时，上天交给你的独一无二的礼物。只有你有，别人没有的才能。这个才能会让你熠熠闪光。

我的孩子在5岁那年意识到，自己是个普通孩子。他知道自己胆子不是那么大，总是忍不住调皮捣蛋，也知道自己是“最皮的孩子”，攀高爬低的时候总是容易受伤，手忙脚乱的时候就会把事情搞砸。有一次，我们讨论“失败的情绪”，他说这就是他的“失败的情绪”。

那一天，我们正沿着海边走路去上三五锄的“大海课”。天边熹微，点点晨光遍布海面。我引着他说一说他的天赋是什么。

“什么叫‘天赋’？”我的孩子问我。

“‘天赋’就是，你到这个世界上时，上天交给你的独一无二的礼物。只有你有，别人没有的才能。这个才能会让你熠熠闪光。”我拉着他的手，沿着海滩的坡度朝上走。

“只有我有吗？”他问。

“天赋这种事呢，”我微微喘着气儿解释说，“每个人都有。哪怕最丑、最胆小、最失败、最没有力气的人都有。上天给每一个人一个独一无二的才能，才让他来到世界上。但有的人一辈子都找不到他的才能，呼唤不出他的神力。他不了解自己，不了解天意。有的人一出生就了解自己，相信自己，他们很快就展露了自己的天赋。”

我们讨论了熟悉的希腊英雄各有什么天赋。我的孩子因此两眼放光。小男孩，最喜欢这类话题了。

“你的天赋是什么呢？米尼？”已经到坡顶，经过妈祖雕像，再走一小段路，就会到他们幼儿园孩子聚集的地方。

他没说话，脸上露出沉吟的表情。

“我觉得我的脚很有力气，我的天赋应该是我的脚吧？”他迟疑地说。

“太棒了！”我欢呼起来，说：“我也觉得你的脚非常、非常有力气。这一定是上天给你的天赋，让你有力量去走很远的路，去看整个世界。”

“是这样的吗？”他狐疑地看着我。

“是呀。”我点点头说，“看来，是赫耳墨斯送你这个礼物的。

他自己就是脚上生着双翼，像闪电一样最敏捷的神。他把他脚底的神力传给了你。”

说话间，我们已经看到幼儿园聚集地了。老师和孩子们在远处向我们挥舞着手，我们也大声向他们打着招呼。

“去吧。”我对米尼说，“失败感很正常，但也要记得你是特殊的、充满天赋的孩子哦。”我总结地说。

但他迟疑着没有走。

“可是，我觉得我不是赫耳墨斯的孩子。”他怏怏地跟我说，不停转过头看着大海、老师和同学们，“妈妈，我不是海神波塞冬的孩子吗？我觉得我只是大海的孩子呀！”

我愣了愣。

“所以，”他草草地，却似乎下了决心地对我说，“我的天赋不是我的脚吧。我只是凑巧也跑得快。”

他已经离开我，开始朝聚集地跑去了，但一边跑，一边扭过头来，还在说：“我觉得，我的天赋一定是海神给我的呀，妈妈。”

他跑远了，还在大声喊：“所以，妈妈，我的天赋是大自然呀！”

39

工作，就是你在生长

工作没有不累的，但一个人喜不喜欢
这份工作，工作的时候幸不幸福，
这种感受是完全不一样的。

米尼6岁半后和我谈了很多他对自然和社会的观察以及由此产生的疑问，都很直接，都是很好的问题。

早上他看《怪杰佐罗力之天堂和地狱的旅行》时问我："妈妈，佐罗力去的天堂里，怎么都有老爷爷老奶奶伺候他们，帮他们针灸、洗澡、推背。老爷爷老奶奶做这些事都太辛苦、太累了。这样的地方怎么叫每个人的天堂？"

这是个很有趣的问题。我想了想他为什么会以这样的角度看问题，想起我妈妈经常和他撒娇，说："阿嬷这样伺候你，很辛苦很累呀。"

对成人而言，这是句"求爱意与关注"之语，但孩子要走过他人词语和情绪的迷障，去看到生活困难重重又甘之如饴的深意，殊为不易。觉得别人为自己做得太多，因此把“责任”“承担”和“重负”“牺牲”混为一谈，是以惶恐不安，迟疑不决的童年疑问，我也有过。

于是我慢慢和他讲：“米尼，你经常看妈妈很忙，每天得看很多书，开很多会，写很多东西，妈妈工作很累。可是，妈妈为什么要努力工作呢？你问妈妈这个问题时，我是怎么回答的？”

他看着我，眼里闪过彩虹：“你说‘因为我好爱我的工作！再累我也想做下去’。”

“对呀。”我握住他的手，说，“工作没有不累的，但一个人喜不喜欢这份工作，工作的时候幸不幸福，这种感受是完全不一样的。”他看着我。

我继续慢慢地说：“比如说，《怪杰佐罗力》的书里，有做作业地狱，要写写画画很多自己不喜欢的东西，好讨厌好痛苦。心里这么想，就是地狱。”

“对呀！”他笑起来说，“在书里也有画画天堂，可以想画什么就画什么。”

“没错！”我说，“我是手工白痴，让我做手工、做菜，我就好痛苦，心里难受，就是地狱。你手很巧，会打结、会折纸、会做菜。你喜欢做这些，做这些事的时候，你觉得很开心。”

“那我就是在天堂！”他笑着说。

“没有人、没有生命是不工作的。工作，就是你在生长。做什么工作不是重要的，重要的是，你怎么看待你的工作。它是不是你不管怎么说，无论多困难都要做的事。它是不是你边做会边笑起来，是不是漫天神仙都在为你加油的事。如果是，它就是天堂。这么说，你懂吗？”我看着他的眼睛，非常慢、非常慢地说。

他想了想，点了点头。“书里给人针灸和洗澡的老爷爷老奶奶都喜欢针灸和洗澡，对吗？他们喜欢伺候人，对吗？”

我看了看他。他6岁8个月了。现在，我们的话题走到了这里，走到生活最关键的秘密里。这些秘密，他和我都要穷尽一生去寻觅和实践，在予取予求中做最深刻的自我平衡。我不能提供任何答案，但我还是想把自己知道的说出来。

“米尼，”我小声说，用头顶着这个小男孩的额头，“人一辈子，会遇到两种工作。有一种工作，你觉得自己做得太多了，太累了，不想做下去又得一直做下去。这样的工作，带着怒气。还有另一种工作，你觉得自己特别喜欢。做一盘菜，画一幅画，得到你工作成果的人也特别喜欢。不管他们爱不爱你，你都爱那些人。这种工作，不叫‘伺、候、人’而叫‘服、务、人’。找到这样的工作，你就会找到对你来说非常重要的东西。”

说到这里我们都停了下来。生活如此深奥，话语尽是空白。我和他之间，隔着30多年的阅历，然而他在旁边静静地回答我了，他说：“我有点明白了。就是要找到一个工作，让你觉得像在天堂里一样高兴。”

就是这样的，这是曾走过许多弯路的妈妈，对你的祝愿。

40

一同去获得
如宇宙般的爱的神通

孩子充满爱的敏锐，也充分理解爱的复杂。
很多时候，他们会如此稚气地运用“不让你爱我”和
“你根本不爱我”的表达来说明“他们爱你”。
在爱里，他们是赤子，也是高手。
爱是妈妈从千里之外飞回来，抵达你。

米尼有一阵酷爱拌嘴，口头禅是“你这个人到底有没有文化！”

一天晚上临睡前，我给他做按摩。他问我：“妈妈，你到底有多爱我？有整个宇宙那么多吗？”

“有呀。”我不知有诈，回答。

于是他说：“哎，你这人到底有没有文化 ?! 佛经和科学书都说，从很高很远的地方看，宇宙就是一颗灰尘。难道你爱自己的蛾子（儿子）只有灰尘那么多吗？啊 ?!”

我心里想：呵，男人真可笑。为了显示自己有那么一点儿不高明的文化，专门讹诈自己的迷妹。这真是抬眼所见所有男人都有的痼疾。虽然这么想，不过我不是女权主义者，我依然扮他的迷妹，低头亲他。

“你说呀，你回答我呀！”他骄傲得像一只公鸡，说。

“嗯，”我不慌不忙地说，“妈妈对你的爱的确充满整个宇宙。宇宙是无边无际、永无断绝的，就像妈妈平时爱着你。不过，在我俩心里都有情绪，都很愤怒，很难过，吵架的时候，就像在天外天空里看着这个宇宙。不想在一起，不想靠近。这时候，宇宙就像你看到的灰尘那么小，不值一提。”

他安安静静听了，思考许久。关上灯，临睡前，他说：“我输了，妈妈，你解释得很好。”

爱没有输赢，我最亲爱的小米尼。爱是妈妈从千里之外飞回来，抵达你。很高兴你想通了“须弥芥子”的道理，去获得爱的神通，去做弥漫无边、又轻如微尘的你自己。

41

突破“音言”魔法的唯一方法

语言的魔法用语言来抵抗，
这是初级魔法师的做法。

早上，我和我的孩子讨论一种叫“音言”的魔法，它来自科幻巨匠弗兰克·赫伯特最脍炙人口的作品《沙丘》，是一种用语言控制人心智的魔法。

“这种魔法在《我的校长是超人》这套书里也写过。哈洛和乔治是通过3D魔法指环加上他们说的话，来控制克鲁普校长的。”我那痴迷道术的孩子说。

“在《地海巫师》和《哈利·波特》里也有这样的魔法，《阴阳师》和《沙门空海》里也详细描述过这种用语言就能控制人、伤害力极大的魔法。”我说。

“啧啧。”我的孩子叹道。

“但我认为，这种魔法在日常生活中随处可见。”今天的早餐桌上，有一大盘刺身松茸。我们头碰头很珍惜地吃着，满口鲜香，心情愉悦。

“比如，我老是讲‘那个人会死，那个人会死’，那个人就会死掉吗？”我孩子笑嘻嘻地问。

“从某个方面说，如果这句话给对方造成很大的影响，让对方总是心情不好，疑神疑鬼，是有可能让对方提早死亡的。”我微微笑着回答他，“这种影响力，在古时候叫作‘诅咒’，也是‘音言’魔法的一种。”

“还有一种语言的魔法，叫‘谣言’。举个例子，比如你没有尾巴，但有一天，你们幼儿园所有的孩子都在说‘米尼屁股后面有一条长尾巴’，每个孩子都在说这件事。说着说着，大家都信以为真。即使你要求老师检查，你的的确确是没有尾巴的，谣言还是莫名其妙的一直传下去。这种现象，在生活中也很常见，也是‘音言’魔法的一种。”

我的孩子很认真地想了想。

“贝贝最近批评我的时候，”他说，“我就假装成我的同学小黑，用小黑经常说的话和小黑说话的样子来回她。这样，我就可以把那个害羞的我藏起来。这也是‘音言’的一种吧。”

我惊异于他对自己的理解。“没错，”我说，“你说得好极了。”

“小红经常想控制我。她说：‘你去帮我把瓶子拧开！’‘你帮我叫老师！’我很不想做，我想问她‘你为什么不自己做？’，但我还是做了。这也是‘音言’的一种。”

我摸了摸他的头，轻声说：“是啊。”

他又想了想：“‘音言’真是超级厉害的魔法。”

我咽下一片松茸，用头碰了碰他的头，说：“‘音言’的魔法，就是用语言影响、甚至控制别人的想法。这种魔法横亘在世界上很多很多年。哪怕没有接受魔法师的训练，很多觉得自己有力量的人还是学会了这种魔法。这种魔法可以用来做坏事，也可以用来做好事。”

“然而，”我继续说，“既然有魔法，就有解开魔法的办法。”

“那是什么办法啊妈妈？到底是什么办法？”我的孩子问我，“是和它对骂吗？”他骨碌骨碌转着眼珠，又问。

我哈哈哈大笑。

“语言的魔法用语言来抵抗，这是初级魔法师的做法。”我看着他黑漆漆的眼睛说，一边示范给他看，“米尼，高级语言魔法师的做法，是想象你的身体是一个自由自在的广大宇宙。你平静地呼吸，然后吸收所有这些语言，就好像把魔法吸进你身体里一样。接着，去听你身心的声音。如果你被咒语捆住了，就按咒语说的做；如果你听到真正属于自己的声音，你会发现，这个声音那么浩大，坚定不移，远比某个别人短暂的魔法咒语大多了，你就去做你自己。这个方法，就是突破‘音言’魔法的唯一方法。”

他咧开嘴，笑着说：“今天我要拿这个方法去对付小红的‘音言’！”

我看着他忙忙碌碌准备去对抗世界的身影，心里充满温柔。

42

失败和逆向的喜悦

原来和孩子一起体验成长的失败，
也是那么与有荣焉的事呀！

有天晚上，米尼在桌子那头抄着单词，突然闷闷不乐地跟我说：“妈妈，为什么会这样子呀？”

“嗯？”我说。

“我发现有的同学抄写比我快很多。我才写三行，他们就写完一页了。而且，”他想了想又补充说，“他们写字也很好看，不是敷衍了事地写的。”他把笔停在半空中，凝神想着。

这是他有生以来，第一次发布“我和别人”的比较论。在此之前，他经常说“哇，×××好厉害”，连当时刚入园、只有三岁多的蛋蛋，他都惊叹过“蛋蛋太了不起了！”不过惊叹归惊叹，他脑袋里好像从没有“别人比我”的概念，更谈不上以此引申、见贤思齐。

因此，听到他这样说，我就把眼光从书上收了回来，清清喉咙：“嗯。是不是——”我搜索着说辞，“你总是擦来擦去改错，耽误了一些时间？慢慢写也没关系。”我笨拙地说着，感觉话语像一只蚯蚓，在厚厚的泥土里拱来拱去。

他摇摇头，没有说话，兀自又做起抄写来。

我侧眼看他，看他小胸膛起伏不定。“米尼。”我小声说。他转过头，突然倾过来，把脸埋在我怀里。也许是这孩子突然感到了强烈的挫败感，但此刻，非常奇怪的，我却感到一种骤然袭来的快乐。原来和孩子一起体验成长的失败，也是那么与有荣焉的事呀！

在过去几十年里，我考得乱七八糟的时候，我过得磕磕绊绊的青春期，我动荡流离的20多岁时光，在我的爸爸妈妈心里，也有过这样不可名状的、奇怪的安慰和悦意吗？

想起在极其年轻的时候，我老写那种“爸爸是懦夫，妈妈不知道跑哪去”的青春小说发在刊物上。回家我才知道，爸爸买了许多，四处分发，连他们学校的看门大伯都看过，搞得我无地自容。

再大一点儿，自认为了悟人情，只觉得“爸爸是贪慕虚荣，因此睁一只眼闭一只眼接纳我的乱写”。而这一刻，我突然明白，原来在孩子的成长中，父母的的确确保有着那种罔顾顺境逆境，仅仅因为你更复杂、更多元、更宽广而由心而生的喜悦。

我抚着米尼的背，听着窗外夜晚的海风声，只觉得整个春天和大海已顷刻出动，而我还拥抱着小小的他。“米尼，真是太好了，米尼。”我很慢很慢地说，“妈妈觉得非常幸福。”后来，虽然觉得害羞，我还是说了。

他在我怀里趴了一会儿。正如他完全不知道我在想什么，我也不知道他想了什么。我们各怀心思待在这春天的晚上。最后，他抬起头，朝我微微一笑，继续做完他的抄写。

那一晚我们仍旧八点半就一起睡着了。

43

《一千零一夜》里，谁最能左右人的命运

讲故事的人有最高的权利，只有拥有故事的人，才能决定什么时候开讲。

最近每天晚上临睡前我都在跟米尼讲他的“个人英雄故事”。这个故事是这样的：

一个看起来非常普通，却绝不普通的小男孩，他叫米尼。米尼之所以不普通，第一个原因，是他有一个耳朵完全听不见、频繁忘事的爷爷。这样的爷爷，实际上是幻想王国最古老的看门人之一。他的耳朵能听到幻想王国最细微的低语，但因为他需要保持专注，在现实世界中，已然听不到任何声音。他在最近的事情上频繁失忆，是因为幻想王国的时间度和现实世界不同。

米尼的爸爸妈妈和阿嬷，三五锄的大家，都是幻想王国的初级使者，不仅如此，米尼家周围的大海、老树，

米尼的朋友米卤酷和牛群、万灵族也是和幻想王国结盟的。后来，连沿海一线庙宇里的神怪族，也站在幻想王国一边。

但他们的敌人也法力强大，他们是新兴的高科技王国。他们妄图控制整个世界，屠杀人类，扼杀人之幻想。

男孩米尼的所有亲友都加入了这场前所未有的控制与反控制战中。幻想王国转眼倾覆，男孩米尼也在一场场血战中迎来自己心灵的觉醒……

米尼非常非常喜欢这个故事。可惜我太吝啬了，每天只讲一章。每当他撒娇耍痴要求我多讲一些，我就做出骄傲的样子，说："讲故事的人有最高的权利，只有拥有故事的人，才能决定什么时候开讲。"

我还问他："《一千零一夜》里，谁最能左右人的命运？是拥有生杀予夺大权的皇帝，还是可以源源不断地讲故事的山鲁佐德[①]？"

米尼之前以为是皇帝，但最近，他越来越意识到，真正的答案，是山鲁佐德。

不，应该说，是故事。

---

① 山鲁佐德是《一千零一夜》中宰相的女儿，以讲故事的方法吸引国王，每夜讲到最精彩处，恰好天明，国王因此不忍杀她。没想到，她的故事一讲就是一千零一夜。——编者注

44

“年纪轻的画”和“年纪老的画”

“年纪轻的画”，里面有希望；
“年纪老的画”，说的就是命运。

呷一口红茶，我和米尼讲起“年纪轻的画”和“年纪老的画”。我跟他说，我们听过的以“人对抗牛”为内容的故事，最有名的，就是希腊神话里忒修斯对抗牛头怪物的故事。

“还记得吗，忒修斯拿着线团走进迷宫，冲向牛头怪物，英雄和怪兽展开角力。最后，忒修斯凯旋。

“在绘本里、展览馆里、画册里，我们见到各种各样展示这一战斗画面的艺术品。不管出自谁的手笔，画面上的忒修斯都非常有力气，他控制了局面，他相信他会胜利。我们看到那样的画面，会觉得整个心都被鼓舞起来了，会相信人之所以获得胜利，是人秉有荣耀的使命。

“但看李唐的《牧牛图》，虽然画的一样是人牛对抗的故事，却全然不是这样的感受。

“妈妈和你说过画家李唐的故事。他曾是宫廷画家，经历‘靖康之变’，在战乱中颠沛流离。他的《牧牛图》有枯树、衰草、一鸦、一牛、一人。你看画里这个人，你觉得他在用力，还是没有用力呢？”

“他很用力。”米尼说。

“他能抗住这头牛，还是不能抗住呢？”我又问。

米尼细细想了想回答：“说不好，他只是独自扛着。”

“没错呀。”我说，“这幅《牧牛图》画的，并不是人的胜利。你看忒修斯的斗牛作品，甚至不用渲染周围的环境，他就是这天地的主角，他天然就优于一切。像你拿起照相机对焦，他就是那个焦点，但李唐的《牧牛图》不是。这个人、这头牛，就在这样衰败的环境里，这个环境对他冷冰冰的。没有什么能帮助他，没有人烟，没有希望，什么都没有。就只有枯树衰草，还有一只高高在上的鸟，看着一个人死死抗着一头牛。不知道胜负，也没有结局。

“米尼，这就是‘年纪轻的画’和‘年纪老的画’的差别。‘年纪轻的画’，里面有希望，可能有失败、痛苦、孤单、惊险，但没关系，你看了它，你心里就充满希望。它鼓励你人生里蕴含使命，无论发生什么事，都要去找到每个人的使命。

《牧牛图》(宋)李唐/(当代)米尼改编

‘年纪老的画’说的就是命运。它会告诉你一个结束语，比如‘人生很冰冷呀，遇到像怪物一样的无常，要死死抗着呀’，这就是《牧牛图》的结束语。”我又说。

米尼认认真真看了画，然后他说：“是觉得有点儿难过，可是，我画了很多小人，来帮助那个人赢。”他笑着说，“我会让他有很多赢的希望。”

“嗯……”我说，心里充满温柔，“那是因为米尼有很年轻、很年轻的心，也希望你永远年轻下去。”

他看了看我，突然眼眶红了起来，“妈妈年纪老了吗？我不想你老。”他又说。他用右手的小手指去擦右边眼睛，又用左手的小手指去擦左边眼睛，小嘴叹了口气。

我拍了拍他："别担心，米尼。"我说，"我觉得我也年轻着，满怀希望。可是，看你画《牧牛图》，我又会想，年老也很好。年老也藏着那么多好玩的谜语，等着我们去解开。"

"什么谜语呢？"米尼瞪大眼睛问。

"比如，这幅画为什么叫《牧牛图》却不叫《斗牛图》呢？"我跳着脚说，"如果没有你画这幅画，我永远也不会想这个问题呢。你真是非常非常牛的大画家。"

他害羞地笑了起来："为什么呀？这是为什么呢妈妈？"他问我。

"因为年轻的时候，会觉得'战斗'呀、'胜利'呀是非常重要的，是人之所以成为人的使命。但等人慢慢长大，等你长到足够大，就会发现，人生重要的不是'战斗'。有勇气的人，能站在枯树和衰草中间，没有呼救、没有别的希望，就死死抗着冲过来的牛。这只冲过来的牛，不是你的敌人，而是你的命运。你只能和'它'在一起，放牧'它'。能这样想，就是最有勇气的'老人'了。"

米尼愣愣地听我说完，然后说："我还是更希望他斗赢，看这样的画，别人是不是会更开心？"

我别着头想了一会儿。"我也说不好呢，亲爱的米尼。不过，千年之下，看到一个饱经忧患的人，画下他死死扛住的命运无常，光这点，对现在的我而言已是温暖真谛。”

说起来，今年冷得特别早呢。谢谢在秋风乍起之时，就看到你画的这幅画。

45

隋朝王伽
与江洋大盗米尼

不能想“看别人怎么做，我才决定怎么办”，
只能想“我要怎么做，承担什么后果”。
因为你不能完全控制别人的行为，只能决定你自己。

与陈卫平[①]先生一晤后，米尼开始断断续续看与中国历史相关的书，从远古开始，迤逦而至隋唐。那天跟他聊天，说起李广的“林暗草惊风”，霍去病“封狼居胥”，说得我唾液横飞，他竟不是很爱，淡淡地说自己比较喜欢王伽。

王伽，隋文帝杨坚时期的小吏。有一年冬天，他负责押解 70 个犯人赶赴京城审判。时逢大雪，犯人身带镣铐，困雪而行，加之皆心觉前途暗淡，慢慢地都走不动了，全

① 陈卫平：学者、作家、资深出版人。作品有《写给儿童的中国历史》《写给儿童的世界历史》等。——编者注

部倒在雪地里。

在一片绝望的沉默中，王伽从雪中凛然站起，对所有犯人说："汝等虽犯宪法，枷锁亦大辛苦。吾欲与汝等脱去，行至京师总集，能不违期不？（你们虽然犯了国法，戴上枷锁也很痛苦，我给你们去掉枷锁，自行到京城集合，能够不违期到达吗？）"

犯人纷纷站起拜谢，但又感到很惊异。王伽果然把他们都放了，和他们约定某一天应当到达京城，如果没有遵守约定，他要为犯人们受死。

犯人们感动至极。他们从雪地里撑起身体，各自奋力前行，有些犯人还顺路回了家，但没有一个犯人误了时间，通通在约定的日子里准时到达京城，接受审判。隋文帝知道这件事，非常赞赏，不仅嘉奖了王伽，还赦免了所有囚犯，在宫廷里宴请了他们。

米尼难得不爱战马武功，喜欢这样的故事。于是我便问他为什么。

"因为如果我是官吏，就不会放走囚犯；我是囚犯，跑了就不会回来，所以觉得这个故事很奇怪。"他托了托眼镜，说。

"做得很好。"我弯下腰摸了摸他的脸，说。

"米尼，我看到你在用一种特别特别厉害的方法读历史。这种方法，妈妈在你这么大的时候根本不懂、不理解、闻所未闻。但你这样读了，妈妈觉得很自豪。"

“是什么方法呢妈妈？我没有用什么方法呀。”米尼吃惊地说。

“历史，在很长一段时期里，学习它的人以为它就和童话故事一样。历史是故事，有一帮人就是坏人，有一帮人就是好人。坏人就会灭亡，好人就会成功，会成为皇帝、公主、王子、将军……”我停下来，看了看他，叹了口气，“妈妈小时候，就是这样读历史的。”

“嗯！”他瞪大眼睛，点了点头。

“可是，等我再长大些，我慢慢知道，历史并不是童话故事。历史中的人，控制他们的不是好人就会好、坏人就会坏那样的命运，而是他们真真正正的选择。他们为什么会这样选择？他们的选择带来怎样的结果？我要是他们，我会怎么选择？我又会得到什么结果？”我从果盘里拿了两颗葡萄，一人一颗塞进我俩嘴里。“每次读历史，就想想这些问题。这过去千百年的人，就会成为我们的朋友，会告诉我们很多秘密，告诉我们他们开心的事、他们后悔的事，这就是最帅的读历史的方法了！”

“我看到米尼已经在用这种方法看历史故事了。”我又总结说。

“嗯。”他安静地点了点头，“你说的这些话，陈卫平都说过了。我都知道了。”

“哦。”我狼狈地回答。

我俩安静了一会儿。

“一个囚犯，”他突然说，“王伽放走的囚犯里，有一个人，他妈妈生病了，他妈妈想他留下来，但他还是回京城去了。”他闷闷地说，“我觉得他妈妈会难过的。”

转过头来的，是他挤得扁扁的小脸。“我不会这样选。”他说，小手一下一下拨着笔盒的拉链头。“可是，他不去京城，王伽一直等，等到太阳要下山了，人还没到齐，王伽就要被杀掉。看到这里我就想，我要是王伽，我也不会放走那些囚犯的。”

千百年前那个惊心动魄的傍晚，王伽的剧烈心跳，凝固在我孩子的书页上。

“我知道了，米尼。”我把他动来动去，显得不安的小手握在手里。小手绵软，恍若静海。“王伽在大雪中放掉囚犯，70个囚犯又一起回到京城。这件事，在几千年之间都是非常、非常少有的。米尼，你认为王伽和囚犯究竟做了什么让双方都免于死罪？”

他顿了顿，稍显吃力地说：“嗯……王伽，他非常好。嗯……他很同情别人，他的心很好。那些囚犯，说到就做到了。他们很讲信用。”

我等他把话说完，夜慢慢深邃下去，案头的百香果汁弥散着香气。

“米尼，你说的都对。但是，这千百年来有许许多多心好的好人，有许许多多讲信用的好人，为什么只有王伽和这群囚犯被载入史册？他们除了诚实、讲信用，到底还做了什么事？”

他认认真真地看着我，目光如星。真的很难，但我还是想试试。

“米尼，我想邀请你讨论这个攸关王伽和囚犯命运的秘密。但在此之前，我们来做一道数学题吧！”

“数学吗？”他瞪大眼睛。

我且不管他，自顾自地说下去：“有一天，米尼和小杜决定做劫匪，你们抢劫了银行，偷了很多钱……”

他一面听，一面唧唧哇哇地笑，跟随我的话快速画下画来。

“警察来抓捕他们。危急关头！小杜跟米尼藏好钱，你们互相允诺，谁也不把藏钱地点说出来，矢口否认这个罪行。接着，你们果然双双被捕。警察把你们各自关在一个房间里，又是威胁又是说服，想让你们承认自己的罪行并说出藏钱地点。”

我停了停，他用黑黝黝的眼睛看我，盼我说下去。“现在，米尼和小杜都很明白自己的处境。你们俩被警察捉拿归案，囚禁起来，面对一项重罪控诉。警察把你们分头关起来，分别审讯，给你们各提供一次选择机会。要是你们俩坚决不揭发对方，不供出藏钱地点，警察证据不足，你们的判决会比较轻，分别被判两年。也就是，你被关两年，小杜被关两年。”

“哦。那我一定不会供出小杜的，小杜是我的好朋友，那就

抢银行[①]

关两年好了。”米尼说。

“可是，”我话锋一转，说，“如果有人先揭发同伙，就会获得减刑。小杜先揭发了你，他只判一年，而你就要面临重罪，被判四年！”

米尼很生气：“那我也要揭发小杜！小杜这个人，经常不讲信用，真是可恶！”

我大笑，抱了抱他，说：“如果在小杜揭发你之前，你先揭发了他，那就反过来了。你判一年，早点回家找妈妈。小杜判四年，待在监狱哇哇哭……可是！小杜也不傻呀！你想揭发他

① 由于日期久远，无法找到原画，本画由三五锄的孩子土豆描画。

的时候，他也想揭发你。于是，还有一种可能，就是你们一进监狱，就互相揭发，最后都被判了刑。所幸都有坦白表现，所以，互相揭发的你们就各判三年。”

“米尼，我这样说，你听得懂吗？成为江洋大盗的你和小杜，进监狱后会有多少人生选择，你来说说，我写下来。好不好？”于是，我们做了下面一张表：

选择	米尼	小杜
不供出	2	2
米尼供出	1	4
小杜供出	4	1
都供出	3	3

“很好，米尼，你都听懂了。”我很慢、很慢地说，“那我想请问你，作为江洋大盗的米尼，会供出小杜，还是不供出小杜呢？”

米尼想了想：“小杜是我的好朋友，我还是不想供出他。可是，”他又不甘心地说，“要是小杜把我供出来，我一定会报复的。小杜这个人，最恩将仇报了！哼！”

我笑疯了。“好啦，好啦。”我安抚他，说，“可是米尼，到了警察局，你根本不能联系小杜，不知道他会信守和你的诺言，还是会翻脸不认人、揭发你的名字。这时候，你的命运不是‘小杜做什么，我就做什么’，而是‘我选择做什么，并承担后果’。对不对？”

他想了想，点了点头。

我忍不住亲了亲他严肃的小脸："千百年前在风雪中押送犯人去京城的王伽，就和被送进监狱的江洋大盗米尼一样，面对着很多选择。绝境之中，他不能去想'囚犯做什么，我该怎么办'，而只能是'我要做什么，承担什么后果'。"

我们来到"囚徒困境"最难解的部分。在过去几年间，我曾困于此，心境如困于迷宫中挣扎许久，而援引自己最终走出来的，唯有相信和承担。

我深深吸了一口气儿。现在，我们母子俩头碰头，拿着笔，像解一道前所未有的难题一样，看着桌上的字条。

"我们来看江洋大盗米尼和小杜的量刑表。你和小杜一开始都承诺和对方合作，但进了警察局后，从保护自己的角度出发，你最好的选择是先背叛他，这样，你只会被判一年；其次是你们俩都坚守承诺，各两年；要是你们俩同时背叛对方，情况就不大妙了；最惨的，当然是小杜背叛了你，那可真是太过分了！所以，你很有可能因为怀疑小杜，而决定背叛他，是不是？"

"当然呀！"米尼气呼呼地说。

"可是，小杜不傻，他也会这样想。要是你们俩都这样想，互不信任，互相背弃承诺，最后的结果，肯定是都被判三年。这个结局，比起一起遵守约定，互不揭发，只判两年，明显差得多呀。"我用手指敲着纸头，咂着嘴说。

米尼看着表格，什么也没说。我看着他，他的头发就在我的鼻尖，毛茸茸的。我把头埋进他短短的头发里，心里充满柔情。

“米尼。”我说，“这样一道江洋大盗题目当然不会是真的，但这道数学题，在历史上很有名。很多哲学家、社会学家拿这道题来和人们解释为什么要合作，为什么要彼此信任，除了心好、诚实、守信用，信任合作还有什么重要之处。”

“要是我和小杜信任合作，我俩不仅只会被判两年，还可以藏住我们的钱！”米尼突然贼贼地笑着说。

我大笑：“没错，没错！米尼，你听懂了。社会学家把这样的选择叫作‘最优策略’。现在，”我又拿出一张纸，很慢很慢地说，“让我们列一下王伽的人生选择图。在大雪中，很多犯人倒在地上，无力支撑，他有多少选择呢？”

于是，我们一起列下了下面这张表：

人生选择	结果
雪地困住囚犯，无法按时到京城	王伽死，囚犯受审
王伽放走囚犯，囚犯没按时回来	王伽死，囚犯活
王伽放走囚犯，囚犯按时回来	王伽活，囚犯活，重赏

“在中国历史上，有许多次起义，就发生在押送途中。囚犯无法脱身、左右是个死，官差不能交差、眼看要坐领酷刑。在

困境之中，人性激烈交战，有的官差借故溜走，有的官差严苛打骂，有的官差干脆和囚犯一起造反。在那一天的大雪之中，当他押送的囚犯依次倒下，王伽一定也和我们一样，看尽之前千百年的历史，并为自己彷徨无计。

“王伽的过人之处，在于他并没有认定囚犯和他的关系是‘你死我活’；没有因为断定囚犯是‘故意瘫倒在雪地为难我’而决定‘以牙还牙’。他弹掉自己身上覆盖的雪花，就好像甩落千百年来诅咒式的悲剧命运一样，站起来，向囚犯发出‘我们合作吧’这样的邀请。米尼，我说这些，你听得懂吗？”我很慢，很慢地说。

他让我解释什么是“以牙还牙”，然后说：“我懂了。”

于是我继续说了下去：“王伽和囚犯这件事，之所以永远留在历史上，之所以在千百年之间流传，就是因为，在那个大雪天，押送路上，在场的所有人——王伽、王伽的手下、70个囚犯，每一个人恰巧都是‘合、作、者’。”

米尼抬起头看着我，我们双目交投。我竖起手指，加重了语气：“这里面，只要有一个人反对，一个人背叛，这件事就是失败的。但这些人愿意互相信任，互守约定。这件事，因此成了他们的‘最优策略’，使他们获得最好的结果。”我停了停，深吸了一口气儿。某一刹那，这几年间那些独自号哭的回忆去而复返，但我已然与它们全部和解，我已经不再觉得孤单。

“米尼，”我昂着头说，“历史上，有许许多多像我们这样平平常常的人，穿平平常常的衣服，说平平常常的话，过平平常常的日子，但他们有机会做出不非凡的事。这些事，能震撼皇帝、公主、王子，震撼天地；能超越童话，成为史诗。之所以能做这样的事，以前我也认为，那肯定是因为他们心好、诚实，有别人没有的本事。但经过很多很多失败后，妈妈已经不这样想了。”

“那你现在怎么想呢？”他问我。

夜深人静，斗室灯光。我们听得见彼此的心跳声，我紧紧握着我孩子的手，多么希望此生之中，他不会遇到如王伽和囚徒那样的困雪之行。但我更清楚地知道，比这脆弱的为母之心更重要的，还有别的东西。

“我现在想，要像王伽那样，不仅心地好，勇敢决断，愿意承担后果，最重要的是，去做一个合作者，邀请大家一起努力。这样，就算普普通通的人生，也会有很大的改变。”

我发红的脸，映照在他清亮的眸子里。“但是，”他又喊，“要是别人不接受合作呢？要是别人像江洋大盗小杜那样恩将仇报呢？”

“你的问题真是棒极了！”我用手指弹了一下他的脑壳，说，“我很多次大哭的时候，也这样问自己。”

“哦，我的妈妈。”他孩子气地叹了口气，用手拍拍我的背。

“不是的，米尼。这个想法不对。”我用力摇着头，“现在，我要告诉你王伽和妈妈最大的秘密。你准备好了吗？”

他瞪圆了双眼。

“米尼，”我把我的脸贴近他，一字一顿地说，“我刚才和你说过，不能想‘看别人怎么做，我才决定怎么办’，只能想‘我要怎么做，承担什么后果’。因为你不能完全控制别人的行为，只能决定你自己。这一点，你理解吗？”

他点点头。我把我们做的表格拿在手上，继续说：“坚持合作，并不仅仅是因为王伽是个好人、因为他善良，同样也因为，如果合作真的达成，对大家都会有最好的结果。这一点，你也理解吗？”

他想了想，又点了点头。“我懂呀。”他说。

“那就不需要想‘别人不合作怎么办’‘别人恩将仇报怎么办’这样的问题。”我笑着说，“不需要觉得自己善良被别人辜负了，不用困在这样的想法里。只要努力去合作，努力去相信就行了。”

“这里不是很懂。”他想了想，说。

我又点了点头。“已经很不容易了，米尼。”我说，“你已经听懂很多了，剩下的那一小点儿，妈妈也是这两年才懂的。”

我俩都安静下来。他沉吟着，反复看我们画的表格。

“妈妈，”他突然满脸是笑，欢快地说，“我知道了，不管是江洋大盗米尼和小杜，还是王伽和囚犯，只要坚持合作，就可以赚很多钱，有很多吃的！”

我大笑。“行呀，能这样想已经很好了。米尼，你真是个善于总结、独立思考的孩子。”我简直笑疯了。

我们娘俩就在夜里的案头前，喝着百香果汁，为各自的发现嘻嘻笑着。

谢谢你，米尼，谢谢你又让我回想起王伽的故事，回想起我要做的改变。不在历史、不在未来，就在此时、此地、此身、此世。

像我这样普普通通的人，也要鼓起非凡的勇气。

46

孩子呀，就是爸爸妈妈的史官

虽然许多人都会说孩子不懂事，
但我相信，孩子能回忆和记录爸爸妈妈
作为爸爸妈妈的一生。

天冷下来的秋夜，趁着睡前按摩，我给米尼讲起了稻盛和夫的童年故事。

为什么想起稻盛和夫呢？大概是他回忆起童年时的妈妈，就会想起炉火边红豆粥的缘故吧。和米尼讲起稻盛和夫放学回家，妈妈就从炉火上舀来一碗红豆粥，我们母子就忍不住咂起嘴来。我从耍赖的熊孩子讲到战后小和夫用一辆自行车四处推销家里的纸袋子。和我们一起经历微塾逐渐草创成型，一起看房子，一起蹲在地上划拉着土算开销，一起打扫工地的米尼听得很认真。

“三五锄的员工越来越多，你会不会担心年终奖发不出来呀妈妈？”他突然问，“我帮人打卦[①]赚的那1000块钱给你吧。”他又说。

虽然说的是稻盛和夫，但被他突然横插进来，我们说起了自己的人生选择。

“我还可以去做很多事，赚钱给三五锄发工资。”他脸上满是小男孩的凛然。

“谢谢你。”我很慎重说，“三五锄的资金流现在是安全的。虽然做了要花大钱的决定，但我们并不是没有把握。”

“妈妈的确会焦虑，但我们这些大人能守护自己的决定。”我坐在他的床边，拍了拍他的额头，说。

“而且，如果遇到你爱的人很需要钱，也不要把你所有的钱拿出来。要不然，你们俩的钱都用光了，要怎么办呢？”我停了停，认真看着他。他的眸子黑漆漆地，像这海边幽深明亮的云。

“要像和夫一样去想象，想象怎么赚更多的钱。赚钱这种事，也需要有高级的想象力和勇猛的决心，要像一个大将军一样呀，米尼。”我小声地说。

我们在暗夜中静默了一会儿。按完背，我帮他掖好被子。

---

① 六七岁的米尼有一阵迷上打卦画符，聊以为戏，赚了他“大朋友们”一笔小钱。

“妈妈，你说稻盛和夫 80 多岁了，为什么还能记得他小时候那么多事，还记得他妈妈做了那么多事、说了那么多话呢？”米尼打了个哈欠，问。

“米尼，”我倚靠在秋夜的床头，梦神脚步即将引领我和孩子潜入心海深处，“你知道，古时候每个朝代都会有史官，如实记录皇帝做的事情。皇帝做的好事，皇帝做的坏事，史官都会一件一件记下来，对不对？”

“嗯。”他说。

“孩子呀，就是爸爸妈妈的史官。即使他们不大了解爸爸妈妈做的是什么，他们也会记得爸爸妈妈的语言，记得爸爸妈妈的表情，记得爸爸妈妈的心情，记得爸爸妈妈在自己时代的决定、勇气、承担、溃败、愤怒、反击和和解。虽然许多人都会说孩子不懂事，但我相信，孩子能回忆和记录爸爸妈妈作为爸爸妈妈的一生。”

“我这样说，你能听得懂吗？”最后我问他。

他掐了掐我的手。“你在你的王国里是一个温柔的好皇帝。”他说，“史官米尼都记下来了。”

谢谢史官米尼，温柔的好皇帝摘下皇冠，亲了亲她的孩子。

47

人说话越凶，心里就越希望别人好好对待他

学习就好像游戏里打怪，
要一关一关打下去。

刚进小学那段时间，米尼说：“我们小学的老师都好温柔，比贝贝温柔太多太多了！”

“等我长大，发了大财，我就把老了的贝贝抓起来，把她打得全身发肿、流血，贴满邦迪，问她以前为什么老是叫我“安静”，到时候她后悔都来不及了。”他边这样说，边捂着嘴嘻嘻笑。

我大笑，说：“你怎么那么像红小兵！”然而，作为妈妈，我心里满是感谢。贝贝一直是三五锄的“威严”所在，米尼算是她“治”得最多，也是投入最多心力的孩子。

当初最皮的孩子已逐渐长大，听见自己内心深处的宁静与

规则。回头来，他还可以自然而然、充满戏谑地去嗔怪、去薄怒、去顽劣、去触怒，以及去唠叨和想念。终有一天，他也会循着这条路，发现深刻联结之中逆流而上的那些看似背道而驰，却满是心性迂回眷念之物，并因此得到亲密关系中，虽令人抵御却至珍贵问题的答案——为什么你最容易对在意的人耿耿于怀？

某天去海边的路上，我问米尼："以前你老说贝贝坏话，'喊打喊杀的'，现在都不说小学老师的不好。难道她们每一个都那么温柔吗？"

"有温柔也有凶的呀！"米尼回答说。

"小学老师凶起来会说什么话？"我忍不住好奇地问。

"说'听说你们班纪律不好。真的是这样呀！'这样凶巴巴的话，我们大家都又生气又惭愧。还说：'不要在桌子上乱涂乱画！不然叫你们爸爸妈妈买一张桌子来学校换。'哇，要乱花我们爸爸妈妈的钱，我是不会答应的。哼！"他边埋着头走路，边一本正经地学给我听。我简直要笑疯了。

"老师凶巴巴的时候，你们很害怕吧？"我问。

"不会呀。你跟我讲过了嘛。"他头也不抬地走路。

"我和你说什么了？"我问。

他踢着一颗石头，顿了顿，说："你以前跟我解释过，人说话越凶，心里就越希望别人好好对待他。"他淡淡地说。转过路拐角就是海边，我们的谈话停了好一会儿。

“我们老师也跟我们说过很有意思的话。”后来，他又说了起来，眼睛望着涨潮的大海，“老师跟我们说，学习就好像游戏里打怪，你们要一关一关打下去，以后就会出现‘大BOSS’。想打‘大BOSS’就要努力下去哦！老师是这么说的。”他转过头，满脸映着晚霞的光：“妈妈，我现在每天做作业、读书，累的时候就想一想‘大BOSS’什么时候出现。妈妈，我从没有遇见游戏里的‘大BOSS’。爸爸和小杜说他们都遇见过了。等我老的时候，没有血的时候，可以看到‘大BOSS’吗？我能打败它吗？我一直一直想着这件事。”

原来是这样。这孩子开始幻想与准备，准备和自己生命的对手来一场酣畅淋漓的“大战”。

我握了握他的手，他却把手从我的手里抽出来，挥了挥，独个儿向海岬角跑去。

48

能把微塾做成的人

能把微塾做成的人，
应该是很理解人心的人吧。

年夜饭后我和米尼散步到微塾。满树都是春的味道，树影重重，城市空落落的。我们站在微塾亮灯的门头下。

“这样亮，真好呀。”走了很长一段夜路的米尼昂着头说。我什么也没说，只是把手伸过去，握住他的手。

站在此地，所有的恐惧、欲望、坚持和软弱已经如海潮退去，但我知道，开年后，一切还会再来，再逼向我，让我无路可退，只能迎战。

“米尼，”我说，“我想把微塾开下去，等你长大了，也邀请你做这件事。”我听见自己说。

在做三五锄的 5 年之间，他从来不知道我和三五锄的关系。

但这次不同。这次太难了，我太孤独了，而他也已经长大。

“好不好？”我像他一样昂着头，看着闪闪发光的招牌，问。

“好。”他说，并握紧我的手。

“嗯！”我点点头，“我们母子连心，其利断金。”我慨然说。

有一个老爷爷，从巷子里走出来。他穿着窄马甲，提着一个铁桶，就在草地里蹲下来，开始烧纸钱。我俩默默看着他。

“粲然，怎么把微塾办好呢？我会不会把它做坏了？”米尼又问。

“嗯。其实我也不知道。”我深吸了一口气儿，说。满街都是春节的霓虹，而落在我眼里的，却只有他黝黑的眸子。“我想，能把微塾做成的人，应该是很理解人心的人吧。”

“人心吗？”米尼说。

“很理解人的孤独，理解生老病死，理解童年，也理解老年，”我慢慢说，“那个人，应该理解时间和生命。人无论如何，无论在什么时代里，都需要理解，需要在一起。能把微塾做成的人，应该是无论遇到什么困难，都相信人性合作精神的那种人。”

“我这样说，你能理解吗？”我低下头，看着我的孩子。为了想清楚这件事，这半年来，我彻彻底底改变了我自己。问题是，这样痛苦又必须坚定相信的路，米尼，你要跟我一起走吗？

“妈妈，”他把脸靠在我怀里。烧纸钱的老爷爷直起腰来，提着铁桶走了，空气里有一股灰烬渺然的味道。

“妈妈，我们一起来当这样的魔法师吧。”米尼最后说。

49

水手辛巴达和一个梦

很吊诡的是，在孩子快速长大的过程中，我们也在经历人生的“黄金时刻”，在抉择、在博弈、在奋战。孩子的命运和我们的命运交织在一起，一个家庭就是一个命运套盒。很多夜里，因为工作压力大，喘着气儿从噩梦中醒来，会去看看正在酣睡的孩子。他们不知道，他们只是安然入睡，已经完成了和我们生命最深刻的交谈，安抚了我们无所不在的焦虑。

米尼：

我昨晚做噩梦了呢，想和你说说这件事。

还记得我跟你讲过的《一千零一夜》里水手辛巴达的故事吗？在水手辛巴达所有惊心动魄的历险中，我小时候印象最深刻的，便是辛巴达漂流到一个岛上，娶了一个有钱的寡妇，两人琴瑟和鸣。但没过多久，寡妇死了。按照当地的风俗，辛巴达和所有家财都要被扛进寡妇的坟墓里殉葬。

辛巴达是这世上拥有最多航海传奇的故事角色，为什么我独独对这个小情节念念不忘呢？也许是因为财富的乍取乍失，无常的祸福难辨，人情的际遇冷暖，在这个小故事里都太像真事，不用远赴千里，便会在命运中相遇。在昨天的梦里，我化身成要被殉葬的辛巴达，和一个陌生人站在高高的墓顶朝下探头看。

“有 32 层旋转楼梯，到时候，我们会把你和财宝从这里丢下去。”陌生人冷冰冰地对我说。

我的心怦怦地跳。我飞快筹划着，究竟要在哪一层，用力攀住墙壁、踩上楼梯、得以逃生。

米尼，我就这样心怦怦地跳着、喘着气儿醒来。想象尤停留在梦里，在某一瞬，我依然是面临困境的水手辛巴达。

那么，米尼，水手辛巴达究竟为什么去航海呀？为什么他要不顾一切地面对莫测海疆、无常命运？是因为财宝，还是因为内心涌动的呼唤？是因为贪欲永无休止，还是因为人的存在需要被鉴证？

你 8 岁的这一年，我开了第一家社区教育中心，并开始幻想日进斗金，以及遍地开花的社区中心能改变什么。你跟着我们起早贪黑，知道“店租、股份、异业合作、营业额、流水”这些词的含义。但也许你不知道，在这样每一天竭尽全力的人生里，妈妈不断问自己：我究竟是为了建成一个商业型社区组织并因此获利而战？抑或是为了促成人和人之间深刻联结的社区精神而战，是“自我被看见”的欲望永无休止，抑或是生命存在的呼喊需要彼此呼应？

从某个角度说，我就是那个站在高处，战战兢兢往下看，一心求生，却对自己的际遇不得其解的水手辛巴达。

米尼，昨晚我从这样的噩梦中醒来，光着脚在家里走了一圈。我听见你在梦中均匀的呼吸声，只要朝你低下头，你就是香喷喷的。我把我的手指交叉着放进你的每一根小小的手指里，并想起，水手辛巴达已经从这个故事里逃生，他打开甬道门，发现自己又置身在一望无际的大海边。经历，就是人生疑问最终且最好的解答。

米尼，就是这样，在你 8 岁那年的初春，一天晚上，我做了噩梦，但你一直在我的噩梦外。你一直在我的身边。我只要把自己的手给你，便有了答案。

我想起也许在噩梦里，有什么会不可自控地往下坠、往下坠，但辛巴达和我都绝不会失去希望。我想起穿梭在无限的故事里，爱也许会被暂时遗忘，但生生世世、梦境醒来，它的确是孑然一身之人不会遗失之物。我想起我们的大海，我亲了你许许多多次，但你浑然未觉，只是酣睡。

喜欢是你的旅伴的粲然

50

了不起的男家务活宇航员

很久很久以来，忙活家务这件事，像女人开着驶向火星的宇宙飞船。每个家里都有一个精疲力竭的女宇航员。

吃过晚饭，我爸回房看电视了，其他人还没回家，公共空间只留灶前一盏灯，音箱里有男人低沉的歌声，米尼一边用脚踩着节拍，一边洗碗。

我在一旁收拾东西，烧开水、装壶、烫杯儿，一举一动里，有夜晚的安静弥散开来。

他不经意转过脸，小小的脸上既有专注的喜悦，也有小孩和大人一起做着什么事时正儿八经的隆重。我忍不住走过去，从后面抱住他。那个不知道名字的男歌手还在低低唱歌。

“妈妈。”他用碗布擦一个碟子说。

“这个拥抱的感觉就是……”我很小声地回应他，“我觉得好幸福呀。”

“是因为我帮你洗碗，你觉得幸福吗妈妈？”米尼也小声问。

“嗯……不对。”我抱着他，在他身后摇着头，“是一起做家务觉得幸福。男人和女人一起快乐地做家务，一起建造这个家，因此觉得幸福。米尼也觉得这一刻不一样，对不对？你也觉得幸福吗？”我又问。

他孩子气地点了点头，继续擦第二个盘子。

“家务活是一个家里所有人的事，不是某一个人必须承担的责任。米尼开开心心地和我一起做家务，真是了不起的男孩子。”我由衷赞美他。

“有些男孩子不愿意做家务吗？他们做家务就阴沉着脸吗？”米尼边问，边扭过脸来做了个愁苦的表情。

“是啊。”我说，“很久很久以来，忙活家务这件事，像女人开着驶向火星的宇宙飞船。每个家里都有一个精疲力竭的女宇航员。如果家里有男人意识到‘这趟旅程和我有关！’‘这趟旅程虽然辛苦，但也很有趣！’，男人们这样想着，也一起掌控这条飞船，开心踊跃地肩并肩做家务，女人就会觉得‘哇！这个很帅的男宇航员，就是我的旅伴！’”

“米尼，”我扳正这孩子的肩膀，认认真真看着他的双眼，“你是我的旅伴。你是了不起的家务活宇航员。”

“我会一直做下去的。”这孩子说。他洗的碗盆在灶台上静静地发着光。

“做下去吧。你会因为这件事觉得幸福。”我学着卓有洞见的女巫的口吻，向他发布我的预言，“就像拥有金手指一样，你接触到的家里的每一个地方，都会闪闪发亮。因为你的魔法，你所在家庭的飞船会飞得又高又远。”

“直到火星吗？”他咧嘴笑着问。

“直到火星。”我说。

屋里又安静下来，他把碗碟一个一个放进沥水篮里。

“男家务活宇航员有时候比男钢琴家、男作家、男科学家、男创业者……所有这一切加起来还了不起啊，米尼。”看着他在灶台前忙碌的样子，我在心里补充说，“特别在并肩飞行的时候。”

我们一起把沥水篮放在水槽边，像按下“登陆火星”的按钮。

51

花出去的 100 元，怎么回到口袋里

只有越来越多人拿出钱来，钱不停流通，
每个人都觉得自己手上有钱，也有信心用掉它。
越来越多人这样想，社会就越来越坚固，
每一个事业才会越来越稳定。

吃着热气腾腾的火锅，米尼问我：“妈妈，你不是说各行各业都不好过，很多店都要倒了，连我们也变穷了吗？为什么我们还要花钱呢？”

吃了一块超级脆鲜的胸口油，我给米尼讲了一个故事。

在一个小镇上，百业凋敝，每家店都负债累累。这时候，客栈里来了一个外乡人。他拿出一张 100 元的钞票放在柜台上。他说他想先看看房间再决定住不住在这个镇上。就在那人上楼看房的时候，店主抓起 100 元的账单，跑到隔壁的肉店去还他欠的肉。屠夫有 100 元钱，过马路给养猪户付了钱。养猪户拿了 100 元钱也跑出去还债。养

蜂人得到100元钱来还清按摩店的钱。带着100元钱，按摩店老板冲到客栈付了她欠的房款。客栈老板忙着把这100元放在柜台上，以免外乡人下楼时产生怀疑。

最后，外乡人没看中房间，他收回了100元钱，离开了小镇。可小镇的那一天，大家都很开心。虽然什么也没有生产，没有人得到了什么，但所有人都还清了债务。

米尼很聪明，在讲这个故事的间隙里，他已经猜出了结局。

“可是，妈妈，”他吃着五花肉，好奇地问，“这个故事和我们点外卖火锅有什么关系呢？”

隔着火锅热腾腾的烟火气儿，我看着他。孩子们的时代有多少莫测的苦难呢？而我们只能宽慰自己，他们也需要扛起他们的责任。“米尼，钱需要流通。流通的钱，就算不能产生盈利，也能解决很多问题。这段时间，你看啦啦[①]带着勇读产品部不停工作，我和你谈‘现金流’能带来生存，就是这个意思。不单单我们需要活下去，我们也要花钱去支持别人活下去。”

“可是，别人都倒闭了，只有我们活下来，这不是更好吗？”我的孩子认真地问。

“不是的，米尼。”我认认真真地回答说，“那只是浮在表面的魔法，却不是真正商业世界的法则，也不是世界运转的真正法则。只有越来越多人拿出钱来，钱不停流通，每个人都觉得

① 啦啦：三五锄老师。

自己手上有钱，也有信心用掉它。越来越多人这样想，社会就越来越坚固，每一个事业才会越来越稳定。”

“这是全世界每个人的作业啊，米尼。”我在心里想。全世界的人都要像你们小学生一样，认认真真提交这份答案，让世界好起来，你们才会有一个安安稳稳的童年。

“原来商业和爱都是一样的。要想自己好，就得先无条件地付出，无条件地对别人好。这样的好，终有一天，会像花出去的 100 元钱一样，又回到你袋子里。”我后来又想。

52

每一场战役都是意志之战

人心是很复杂的。没有退路的判断，
并不一定都会引向决一死战的决心。

一天晚上米尼腿酸，调暗灯光，我帮他按摩的时候，说起“背水一战”的故事。

“这个故事呀，”我说，“这个故事可骗了我很多年。”

“它为什么骗了你？一个大将军带着几万人马下了船，因为敌人太多了，就把自己的船都砸了，背对着水，没有退路了，士兵们于是决一死战。这可是以少胜多的战争啊。”孩子说。

我一下一下按摩他的小腿。“很多年前，我也觉得背水一战就是这样。士兵们没有退路便会决一死战。但是，当我自己带领组织，我看到的真相并不是这样。”

米尼看着我的眼睛，“你看到的是什么呢？”

“怎么说呢，米尼。人心是很复杂的。没有退路的判断，并不一定都会引向决一死战的决心。没有退路，可能会人心崩溃，可能会缴械投降，可能会当场哗变，也可能会临阵脱逃。一个领兵大将，一定做了背后的什么事，才能鼓舞起一群没有退路的士兵，始终稳若磐石，朝向数十倍于他们的军队，置之死地而后生。最难的是这个，最难的，是人心。”

我很慢很慢地说着。此夜甚静，好像千百年前沙场上的金戈铁马犹在耳边。“我这样说，米尼你听得懂吗？”我问。

“退潮时我去爬大坝，”孩子想了很久，说，“掉下去就泡进海里全湿了。我很害怕，又想试试。我鼓了很多次勇气，但没有一次爬完。就算没有退路，鼓起勇气也是很难的。”

“是，就是这个意思。”我忍不住笑，赞他。

“韩信是个大将。米尼，每一次战役都是一次智力和力量的角力，而不是一次运气的豪赌。它不能只有一个解决策略。把士兵赶下船，再把船砸了，逼士兵临水布阵，认为‘毫无退路’就会鼓励所有人‘决一死战’，这是单一的豪赌，不是系统的解决策略。解决策略应该是，如果这招治不住你，还有第二招、第三招，源源不断，层层叠进，柔性且主动。这个道理，我也是很久以后才懂。”

我让他翻过身，一下一下轻抚他的背。“米尼，我花了很多时间，终于明白一场战争并不只是一个解法，更不仅仅是浮在表面的四个字。今天提起来，我就想告诉你这件事。因为，”我顿了顿，昂首说，“因为你也是女将军的孩子。”

他转过脸，朝向我。我俩的眼睛都闪着光。

“虽然这个女将军也打过很多败仗！”我扑哧一声笑出来，补充说。

“那除了砸了船、临水布阵，韩信还做了什么呀妈妈？”米尼尤在恋战，便自追问。

“嗯，”我说，“我看的兵书不多，但据我所知，他同时还做了两件事：第一，当日楚汉大战，韩信两三万人马对战赵国二十万大军。韩信要攻，赵国要守，韩信毫无胜算，因为攻防比率，最少都是三比一。就是说，你要进攻别人，你要出动三个人，才能对抗守军那边的一个人。”

“没错！”米尼击节大喊，“我们玩CS枪战游戏，守军躲在碉堡、爆炸桶、沙包后面，攻击部队冲过来，跑动的时候会暴露很多破绽，教练就会让我们趁机开枪。攻击比防守难得多。”

我点了点头，“韩信怎么办呢？他用区区两万兵力，临水布阵，这可是兵家大忌。史书上写，赵国人看了大笑，就冲出兵营攻打韩信。这样，赵国人变成进攻方，韩信布了个防守的半月阵，成了防守方。在人数悬殊的前提下，防守比进攻容易得多，韩信为自己争取了时间。”

“第二，”我伸出两只手指，说，“韩信不止临水布阵，他还调动了五千骑兵，等赵国人出营作战，就趁机占了他们的营地。

赵国人一看，哎呀自己腹背受敌，吓一跳，就溃败了。这也是重要的原因。”

“不过，”米尼打断我的话，转过身来，满脸痞笑，他也伸出一只手指，说，“不过，就算腹背受敌，赵国还是有二十万人马，好好打，根本不会输。说‘吓了一跳’因此就‘败了’，这也不对。”

我愣了愣，说：“你说得很对。”

“不过每一场战争，都是意志之战。有许多不可控因素，但也有很多可控的心智因素。楚汉之争，虽然诡计无穷，但意志也是非常重要的。”我兀自还耽于自己的想法，补充了一句，说。

“嗯。”他漫不经心地应了一声。夜色深沉，最近他总是晚睡。我俯下身，亲了亲这孩子的脸。

“仗很难打吗？”他突然问。

“嗯？”我小声说。

“你现在打仗打得很难吗？”他眼眸清澈，直直看着我，“你每天都很晚回家。”我最后按了按他的小耳郭。“要睡个好觉哦。”我在心里说。

“我已经，”我非常、非常小声地说，“已经是个将军了。”

“嗯？”

“你要相信一个将军。”我笑起来，补充说。

他也笑，是那种小娃娃红扑扑、懒洋洋的笑，全然的香甜和信任。

“我相信妈妈。”他说，然后闭上眼睛，困意就击退大战，如海浪漫天席地般席卷而来。

53

和孩子谈当代企业管理

学习管理，就是决定付出诚意，
带领大家把事情做好。不认认真真去学习，
边说“我不想做将军”，边把事情做砸。
那样的人啊，不是勇敢的人。

米尼问我为什么要花那么多时间去学“企业管理”。

“企业管理和数学、英语、音乐、舞蹈一样，也是一门语言。”在清晨的梳妆台前，我边往脸上扑化妆水边回答他。

“它有什么用？”他躺在我身后的大床上，懒懒地翻了个身问。

“嗯……我和你说过‘流程’是什么，对不对？”我说。

“就是做一件事的步骤。”米尼又翻了个身，他趴在床上，托着腮帮看着镜子里的我，说，“比如我睡觉前的流程是刷牙，喝点开水，先平躺、再侧躺，抱住妈妈亲一亲，说‘晚安，祝你做个好梦’，然后进入梦乡。”

我有点儿诧异：“你总结得很好，就是这个意思。你很有企业管理的底层思维。”我夸奖他说。

他小小黑黑的脸上露出一个大大的、心满意足的笑。

“现在，我们想象一下，米尼成了一个将军。一开始，让你管 1000 个士兵吧。

“米将军下了道命令：所有士兵的睡觉流程都必须标准化，必须一模一样。刷牙——喝开水——平躺——侧躺——抱住身边的人感谢他一天的支持——说‘晚安，祝你做个好梦’——入睡。

“好，你要 1000 个士兵睡觉前都做这个流程，用这个来训练他们。你想想，你要怎么让他们听你的话？”

他想了想：“我会开个大会，在会上宣布这件事。”

“非常好，米尼，你进入了管理的第一步，你颁发了命令。可是，遵守的士兵只是少数，大部分士兵忘记了这件事，甚至还有人故意对着干，要么不刷牙，要么睡前吵闹打架，那你怎么办？”我拿粉底刷一二三四五六地刷脸。

“嗯。”他又想了想，“对那些忘记这件事的人，我会让人把流程贴在兵营的墙上，让他们看。对那些故意不遵守流程的人，我会处罚他们。如果遵守流程，做得特别好，我会给他们奖励。”

“做得很好。”我喝了声彩，“米尼，你是有领导力的人。这点你比我强。”我认认真真地说，然后涂上明闪闪的眼影。“流程一定要形成文字，这样你就不用一遍一遍地提醒别人；也一定要有赏罚分明的相应绩效，这会加速推动流程进行。这些都是企业管理的一部分。”

“可是，就算做了这些事，熄灯后的兵营依然乱七八糟的。这你要怎么办呢？”我继续追问米尼将军。

他在镜中眉头一锁，威风凛凛地说：“那我会在兵营里统统安上监控，看他们谁敢捣蛋！”

我笑得前仰后合。

“好的，米尼将军。”我说，“你说得对，这也是当代企业流程管理的一部分——借用科技进行管理。但是，我更喜欢分析幸福睡眠的好处，然后讲给他们听，让他们主动感受到早睡的好处，让他们自己想早睡，想安静入睡。这是内在的自我管理。”我慢悠悠地说。

“我可以跟他们说这些，”米尼愤愤地说，“但我也还是会装监控监视他们的！”

我憋住笑，又问他：“这些都很好，米尼。但你知道企业管理最重要的是什么吗？”

“是什么呀粲然？是什么？”他追问。

“首先，你要把为什么做入睡流程，怎么做，有多少人做了，多少人没做，做完有什么好处——把这一切写下来。不写，每次来新兵，米尼将军就又要讲一次。写下来，新来的人只要看老内容，跟着老兵做就行。米尼将军就不会累啦。”

我看了他一眼，他对镜子里的我点点头。“其次，你一个人对 1000 个士兵，怎么管呢？一个睡觉流程都管不了，就算管得了，对 1 万个士兵，10 万个士兵，又要怎么管呢？管理，就是把一个大蛋糕一样的组织，切成一小片一小片，每一个小队伍，10 个人，就有一个小管理人。100 个人有个中管理人。1000 个人有个大管理人。就像波浪，互相推动，才能做好管理。我这样说，你听得懂吗？”我非常非常慢地说。

他想了想，点点头。“我懂。”

“管理是一个百宝箱，它有很多很多让一大堆人一起把事情做得更快的方法。我啊，我也是刚刚才开始觉得它重要，刚刚才开始学习。”我说，回忆起许多令人惋惜的过往。

“学习管理，就是决定付出诚意，带领大家把事情做好。不认认真真去学习，边说‘我不想做将军’，边把事情做砸，那样的人啊，不是勇敢的人。”我边往脸上喷定妆水，边说。

虽然手边做着轻描淡写的事，但为了有资格说出这些话，我用了许多时光，走了许多弯路。亲爱的米尼，我也想像你一样，做一个成长里的勇士。

“如果不懂管理，米尼将军，当你带领 10 亿人筑城墙，10 亿人被调走了，就没有人懂得筑造城墙的流程，城墙就会垮倒。

如果学会管理，10 亿人调走了，新兵加入，他们看着流程，就会继续修建下去。一代代人都在过去人的成果中搭建，城墙就会越来越高。这样的修墙术，就是我想学习的当代企业管理。”我咬了咬嘴唇，权当口红，站在晨曦之中，像一个搏杀的将军，对未来的米尼将军说。

栽种一棵树需要一天，支持它长成森林需要 100 年。2020 年微塾系统全体盟商和所有线下机构一样，经历了生死考验。这条路回头说来笑泪满唇。走过的人说树枝高了，走过的人说树枝在长。

学霸流浪记

> 到了现在，我终于知道，很多行为背后都有
> 一个理由，一个你心里的目的，你想对
> 自己说的话。要从自己的选择里，
> 听懂自己和自己说的话，好好地回应自己。

我在书桌上看到一本手绘漫画，第一页端端正正写着米尼和他哥们的名字。“书名”是另一个小朋友的“流浪记”。另一个小朋友是米尼口中的顶级学霸。

我翻了翻漫画，依然是上天入地大冒险，夸张地惊心动魄，孩子气地好玩。

早餐桌上和米尼谈起这事，他笑得像个裂枣。“你看过啦？我和哥们画的。是不是很好玩？”

“好玩。”我说，“不过，你有没有想过被画进画里的小朋友是什么感觉？”我喝了口茶，慢慢地说。

他脸上的笑收起一半，掐了块饼，离开早餐桌，走得远远的。“我不想讨论这个。”他远远地递了句话。

“米尼，你来。”我说。他把自己扎在沙发里，懒得动的样子。

“你来，我给你出个题。”我继续说。他又慢慢地走过来，像个发条小木偶。

“在经济学的课堂上，老师跟我们说过一个现象，这个现象叫‘修昔底德陷阱’。米尼，你要记得这个词。你爸爸床前书架上就有一本书叫这个名字。”我又呷了口茶，慢慢说。

“这个陷阱，是什么陷阱？”我孩子耸起耳朵，真是调皮捣蛋数第一。

“嗯，”我掐了一小块饼，笑吟吟地跟他说，“考考你，如果你是世界上最厉害的人，你最可能担心的，每天都在担心的对手，是谁？”

“是谁？”我孩子瞪大眼睛，“是反对我的人？”

“不对。”我仍旧笑。

“是，是上帝？”

“不对。”我笑死了。

“那是谁呀妈妈？我担心谁？”他着急起来，追着问。

猛然，他和我目光相接，电光石火之间，他喊了起来：“如果我是老大，我最担心的对手，是老二！”

“没错。”我点了点头。入秋清晨的茶香得沁人心脾。

“那反过来，如果你是老二，你最想打败的对手是谁？”

“当然是老大。”我孩子斩钉截铁地说。

“那如果你是老三，你是想联合老大先打败老二，还是先联合老二打败老大？”我紧接着问。

“联合老二打败老大！”米尼和一直旁听的我妈一起喊了起来。

“太对了。”我说，我伸出手，摸了摸孩子软绵绵的头发。世界磅礴，做妈妈的，却只有一双守护孩子的手。每每这样想，就会有无限柔情涌上心头。

“米尼。”我说，“出这个题，我只是想邀请你思考你和你的好朋友为什么要把学霸同学画进漫画里。”

他飞快地看了我一眼，带着孩子的机敏和狡黠：“就算不画他，我们也会画随便什么人的！”他嘟囔着说。

“那为什么是他？为什么老画他呢？”我慢慢地说，一杯茶见底了，“为什么不是其他孩子？你想过没有？这个问题很有趣呢。”

“为什么不画其他小朋友的‘流浪冒险记’吗？”他看着餐桌，自言自语。

“米尼，我想跟你描绘一下你和你哥们分别是什么样的人。”我说。说到这个话题，我孩子又略略耸起肩膀，飞快地看了我一眼，我握住他的手。

“你哥们，在营地里，他用力赚钱，买了六个小人偶，分给赚不到钱的人。我问他，营地赚钱那么难，你为什么买东西送人呀？他说，因为觉得赚不到钱的孩子很可怜。”米尼看着我的眼睛，我看着他的眼睛。

“你呢，你每周末去画室都要问我拿钱买一包薯片给楼下的保安吃。我问你，为什么要送保安东西呀？你说，因为保安太辛苦了，海风太大了。看《作死的兔子》，一整本漫画都在说小兔子怎么找死，你看得面有不忍，甚至想哭。”我停了停，他的小手在我的手里，“米尼，你们俩，都是特别特别清澈的小男孩，富有同情心，爱护弱者。你们俩都是好孩子。”

“把同学画进漫画里，也不是坏事啊！”他警觉地回答。

我笑起来：“我不评判这件事是好事还是坏事，我只是想邀请你今天想一想，讨论讨论‘为什么你们把超级学霸同学画进漫画里，一起合作一本漫画让学霸同学流浪冒险呢？’”

他想了想。“我哥们成绩和超级学霸差不多的。”他说，“要是加上我，那我们是可以和他抗衡的。这样想想觉得自己好厉害呀！”他满脸发着光，昂然说。

秋天的清晨如此生气勃勃，而你在万物中脱颖而出。

“米尼。”我依旧小声喊他，“修昔底德陷阱和许多行为法则一样，认为人的选择有自己的规律。老大和老二、老三，自然会成为对手。注意，我说的是竞争对手。”我非常非常慢地说，“竞争对手不是敌人，也不是伤害者和被伤害者。你们以为只是随随便便找个同学画进漫画里，但也许，这是因为你们潜意识里已经把这个同学当作强有力的对手了。我邀请你去思考的，是这件事。”

孩子看着我的茶壶安安静静地想了想：“我们应该在学习成绩上打败他，是这样吗？”他嘟囔着说。

我笑眯了眼，“这可以是你们的结论，但它不是我的。你知道，我的结论从来不指向成绩。人生太大了，米尼，有那么那么大，像星河。成绩只是奔向星河的某一艘飞船而已。”我把脸贴在他的手上，秋日的清晨便充满暖意。

“当我还是你那么大的时候，我觉得我喜欢做什么、选择做什么，都是随心所欲的，想怎么做就怎么做。到了现在，我终于知道，很多行为背后都有一个理由，一个你心里的目的，你想对自己说的话。要从自己的选择里，听懂自己和自己说的话，好好地回应自己。”

“这样做，”早餐时间结束了，我最后擦了擦他的小脸，“就算做不了全世界的老大，也能做自己心灵的老大。”

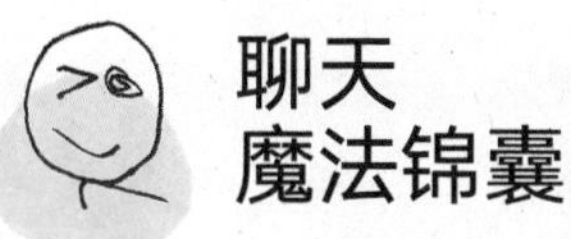

聊天魔法锦囊

经历过一次又一次亲子对话后，你也许会发现有的算得上合作成功；有的则石沉大海，没有收到心灵的回信；还有一些对话则各持一词，甚至令人气结。这就是生活的常态。

下面三个法则对刚刚经历亲子对话后的你可能有帮助。

法则一：亲子对话的斯通定律

在亲子对话中，要把“被拒绝”视为某种常态。我们经常犯的错误就是认为孩子理所应当接受我们，听从我们。但回顾我们的人生，难道我们不也总在拒绝父母、疏离父母吗？在亲密关系中，永远的顺服和听从是反常态的。用这样的角度去看待孩子的“拒绝”，把孩子的“拒绝”当作他们心灵独立的某种机会，当作开启平等对话的良性契机，这会让我们自己的态度率先完成改变。

法则二：亲子对话的镜像效应

在亲密关系中，人们最容易把亲人对自己的态度当作某面镜子，以为其中映照出的就是真正的自己。比如一个正常孩子长年被父母称作“笨蛋”，就真的会表现出行为迟缓、智力低下的样子。而一位年轻的妈妈长期被戏称作“黄脸婆”，也难免抑郁不乐，容颜消逝。因此，减少抱怨、不要互相甩狠话。它会被对方错当作自我，或者我们眼中的“他们自己”，真真正正伤害我们最在意的人。

法则三：亲子对话的复盘原则

复盘，就是重新回顾，重新盘点。亲子对话需要“复盘”。首先，复盘时的很多对话内容是针对发生过的事情进行回顾。不仅是追溯当时的情景，更是反思、探究当时的解决之道。经由这样的回顾，当下次遇到同类事情时，便能提升我们的反应速度，增加我们的默契感。其次，同样的对话，孩子在不同阶段的接受度是不同的。那些至关重要的，属于家庭文化其中一环的对话，在漫长的人生之旅中，要像回归母星一样，一次又一次复盘，每次赋予它新的意义，擦亮它的光辉。复盘，使对话被铭记。

后记

千百万次爱的演练

这本书主题是“亲子对话”，但踌躇再三，我还是决定选录下面两篇小文。这两篇小文，一篇是在米尼三岁时，我写给我爸爸妈妈的。一篇是米尼五岁那会儿，家里经历过我爸爸的一场大病，我写下的回顾。

之所以选录了这两篇小文，我想说，每一场“对话”都有背景。而“亲子对话”的背景，就是“原生家庭”。在三五锄做了近 10 年家庭跟踪，很多爸爸妈妈和我说起他们流于失败的“亲子对话”，都会归咎于他们原本失败的“原生家庭”，归咎于从来没有人和他们示范过怎样进行亲密又有效的“亲子对话”。

我们都承受过错误、无常、孤独和痛苦，但难道仅仅因此我们就要把错误、无常、孤独和痛苦不可避免地传递下去吗？不，改正错误，我们无法免责。

这几年，我不仅进行着“亲子对话”，也不断鼓足勇气，做着属于全家人的“家庭对话”。和老去（甚至像我爸爸后来因病失聪、短期记忆缺失）的父母做沟通，无疑是艰难甚至充满挫败感的。在这个过程中，每当我胆怯或虚弱到想放弃的时候，我就想象自己是一名驾驶着飞船在太空漫游、不断在宇宙中寻找新生机的宇航员，把头扭向左侧，舷窗外是郁郁葱葱的地球；把头扭向右侧，舷窗外是漫漫无尽的深沉宇宙。和孩子对话，像把信号发向地球，总是时时有回应，更充满生机和欢声笑语；和老人对话，像把信号发向古老宇宙，回应总是迟缓的、喜忧难辨的，甚至有时候没有回复，只有空洞。

然而，身为宇航员，为什么要驾驶飞船翱翔在广袤太空？宇航员的意义，就是不间断地向全宇宙发送信号。身后的地球，正通过我们，接受全宇宙的信号。

这么多年，我总是这样鼓励自己，鼓励自己做一个真正属于心灵宇宙的宇航员。

现在，我把这个鼓励和祝福送给正在读这本书的你，开启心灵的接收器，一直对话下去。

给米尼外公外婆的信

米尼渐渐大了，这段时间来，围绕“为什么一定不要喂饭”“为什么外出时尽量不要阻止他触摸各种东西”“他有情绪时为什么要先让他把情绪表达出来”“为什么小朋友之间的问题要让他们自己解决”这些问题我们有一些不同的看法。回想来，每次一遇到问题，我都一马当先地自己和米尼交流解决，或比较强势地要求你们按我的方法做，这样的做法有失公允。我一直没留时间，也缺乏诚意跟你们沟通，和你们解释“新教育”到底是怎么回事。

实际上，只要有足以信服的理由，按你们一向的爱和理解力，一定会和我形成很多共识。可我太过固执自信，疏忽了和你们沟通所能带来的力量。这是我的问题。希望能通过这封信弥补这个过失。

最近我在想，每个时代的父母，都在自己生长的背景之下，尽力想教给孩子“最能在这个时代生活下去的重要技能”。深含爱意和对当下世界的理解，父母希望孩子能做到“适者生存”。

因此，在你们出生的 20 世纪五六十年代，物质匮乏，你们的父母最大的养育方针是“教孩子学会每一刻要吃饱穿暖”，如果一刻缺漏，就可能遭受贫寒、饥饿、困顿和死亡的威胁。在我出生的 20 世纪七八十年代，各种政治浪潮下人性岌岌可危，你们最大的养育策略变成了“为了安全，让孩子成为集体中从众的一分子”，生怕太过出挑，木秀于林而遇风。每个时代的父母，都带着本时代的印记，沉浸在当下时代的某种恐惧中，竭尽所能，希望孩子免受伤害。

在米尼出生和成长的 21 世纪初，物质丰富、信息泛滥、新事物络绎不绝。这时候，作为父母的我们最害怕的是什么？我们不再害怕孩子触摸到某种脏东西就会生病，因为医疗科学已经非常发达；我们也不再害怕孩子不吃这顿饭下一顿就没得吃，因为物质丰富得他们完全可以自主人生；我们也不害怕他跟别的孩子不一样就会被集体抛弃和蔑视，因为这样的集体主义在这些年已被大幅度改写，而且，最重要的是即使某些集体还保存一些陈旧习气，我们还有很多手段、很多社会组织可以选择和依靠。

面对养育，这一代年轻父母的“痛与怕”已经和以前截然不同，而老一代长辈还沉浸在他们那个时代的“痛与怕”之中。因此，同样爱着孩子，却怀有不一样的日常理念。

这是很可以理解的，但我们不妨试想下，在这样的时代，成长中的孩子们面对的最大障碍是什么。

如果让我想象，这个眼花缭乱的时代最邪恶之处，是深藏在罅隙里，每一个普通家庭都不知道什么时候会爆发、什么时候会降临的：毒品、诱拐、不公正的法治、使人深陷其中的电子产品、青春期各种随时拐入歧途的恐怖诱惑。

在成为妈妈后，我曾在这些幻想中殚精竭虑，左思右想，都不知道如何与这个社会真正的“恶”抗争，得以保全孩子的平安。

由此，我知道你们有多么不容易，对我多么支持和理解，默默站在我从大学毕业至今所有“过山车”一样跌宕起伏、险象环生的人生决定之后。也正因为这样有力而无言的支撑，我成为了我自己，获得了非常可贵、绝不他求的人生。

希望孩子无论何时何地，都能逢凶化吉、遇难成祥，是每个父母的心愿。但面对这个时代无孔不入、突发的恶，父母的力量是很微薄的。我们这代父母所能做的，尽量要做的，不可不行的“养育策略”，就是引导孩子做自己的主人，有强大的内心力量，有一个确定的“自我”，去抵抗诱惑。所以，很多年轻父母都走上“新教育”的路。

“新教育”有很多体系和门派。这一年来，我看了林林总总的书，也一直在和米尼一起做着这方面的努力。但把那些东西唧唧歪歪说出来实在太复杂了。

如果选最重要的一点说，“新教育”的核心就是，在养育的所有方面，帮助孩子尊重自己、听自己内心的声音，做自己的主人。

能够做自己主人的人，才不会因为压抑内心而要求致幻剂；不会因为挫折而一蹶不振；不会因为一大堆人嫖娼或者磕药，不好意思说“不”而卷入其中；不会因为受到不公正待遇而否定自己的存在；不会因为失恋或失业而去自杀。

然而，得到“命运握在自己手中”的自信，是非常难的。哪怕到现在，我、包括你们，都还存在对自己命运的困惑。怎么把这样巨大强悍的能力作为礼物送给我们的孩子呢？别无他法。作为米尼成长的支援者，我们只能和他一起，在每一天、每一个选择中，做无数次演练。鼓励他听自己的声音，鼓励他自己做决定，鼓励他接受自己每一个行动的后果。只有他能全然掌握自己，才能在长成之后，有力量、有资格对抗普世之恶。

其实我们认真想想就会发现，怕吃不饱喝不足、怕脏、怕被欺负、怕大声哭喊被人笑话，这些不是米尼的担忧，而是我们对自己的担忧。因为爱，而忧及米尼，这是很宝贵的感情。我至今也是这样的。但我们需要和米尼一样勇敢，冲破自己的担忧，诚实地和他面对他的未来、他的命运。

掌握自己的命运，最重要的一步，就是让他和他的内在情绪毫无阻隔。一个“心里很害怕，但表面上泰然若定的人”，一个“心里很想哭，但表面上都是笑的人”，一个“心里很欢喜，但表面上得做出痛苦样子的人”都是无法掌握自己命运的人。经过那个时代，你们一定深有体会，这样的人受到的压抑有多深，他们和外部社会有多么不协调。他们会有仇人、有敌人，那些阻止他们内在表达的人，都是他们记恨的人。

孩子也是一样，当他们恐惧、紧张、愤怒、害怕，因此想哭喊的时候，最重要的一句话，一定是告诉他们“你们的情绪是正常的”。肯定他们的内在，他们就不会有压力。毫无压力的情绪纾解是很快的，他们心里也不会存在恨意。但如果告诉他们“你这样想不对，你的情绪不好，你别这样想”，他们即使因此听从长辈，压抑着自己，遇到相似情景时也会不断重复反应，直到心里的某个盖子被彻底“盖”上，或问题得到有效解决为止。

而且，久而久之，他会对阻碍他认识自己的人心怀愤怒，他会疏远“这些人”。因为“这些人”，使他不能诚实面对内心。这是很恐怖的，很多亲子关系因此被破坏了。

之前这几年，米尼每次突发情绪问题都得以顺利快速解决，也是因为我们一直能以“承认他的情绪、尊重他的情绪”为出发点，减少他需要对抗的阻力，才得到开心的、没有怨恨的、身心和谐的孩子。这是一个结果。

任何勇敢、自信、快乐等美好品质，都是人与环境融合后产生的结果，而不是某个人生而存在的性格。所谓因上努力，果上随缘。当孩子有情绪的时候，避免去否定他，避免说“你这样不勇敢”“你这样太胆小”“你这样做很丢脸”“你这样没有人会喜欢”，而要努力给他创造环境，让他觉得自己这些感受都是合理的，因为接受现在的自己，就会有更大的能量，去减少自己猛烈抗击的行为，朝更勇敢、更自信、更快乐的方向毫无负担地前进。

除了让他和自己的内在情绪共处之外，就是在既定规则框架之内，鼓励他独立做决定。

在米尼还未出世前，我们曾讨论过很多孩子的人生，有一类孩子被称之为“父母牵得紧紧的孩子”，在他们成长后，对自己的人生束手无策，毫无主意，凡事依靠大人。妈妈总是说“米尼绝对不能成为这样的孩子”。

想要避免这个果，需要无数当下的演练和放手。

米尼已经三岁，他胃口很好，用叉子、筷子、勺子、刀具吃中餐西餐都没有问题，即使有一两顿吃不多，也能根据自己身体的需求要求补上；他接触的环境没有恶劣到手一触摸就会引起身体不适；在学校、在群聚场合，没有什么孩子会抱有恶意欺负他，他也很少会和其他孩子争抢东西。即使争抢东西和偶尔追打，在一起的家长也已经能理解“孩子为什么这样做”，达成“鼓励他们自行解决”的共识。这几年，我们家已经给米尼逐渐自立打下很好的基础。在外出遇到问题时，在焦虑之前，我们一定要坚定以上的看法。认清我们对米尼长期以来的引导和努力，相信米尼，更重要的是，相信自己。

和米尼每天耳鬓厮磨，你们一定很清楚，米尼已经有能力，并且非常愿意掌握自己的某部分人生。用手触摸式的探索世界、专注于某一个发现，和别人分享玩具和食物（或者不肯分享），这样的时候，我们对他最大的支援，是让他能为自己做主。

不能自己做主的人生，就会有不能自主人生的“果”。一直习惯喂饭的孩子，会放弃自己吃饭的乐趣；一直阻止着不让他触摸外界的孩子，怎么可能会勇敢自由地攀爬、奔跑、呼喊和高唱；当别人欺负他时，挡在他前面，他一时安然度过，却会永远缩头缩尾。我们每一个“孩子你还不行，放着我来”的起意，都在遏止他他日展翅的勇气。

米尼出生的这个时代，这个“鼓励他成为自己”的环境是由你们的父母、你们、我们，好几代人付出漫长岁月的努力一起争取到的。一定得放手鼓励他成为自己。不然，不仅对不起他的人生，也对不起我们心里对真正美好人生的向往与梦想。

千里之行，始于足下。米尼漫长而奇幻美妙的人生，最开始的灵魂搭建，不在于一粥一饭、一伸手一次玩具的归属，而在于每一次情绪的认同，每一次选择的支持，每一条秩序的合理建立，在于他真实地看见自己，公正地看待环境。

有这样有力的爱，这样明晰而团结的家庭支持，即使他以后贫寒、没有好学历、没有好工作，他仍旧会有丰富和饱满的内心，依然会是身心平和、了不起的孩子。

而这样联结着爱的养育，也帮助我们突破原来困于自己时代中，时刻焦虑的“我”，在生命延续里看见自己和这个世界的未来。这样的事情，才会真正得以实现。

我想，这就是“教育”真正的含义吧。

在没有米尼之前，我认为“不失败的一天”就是银行卡多进几个钱，有人爱我，有人对我说好听的话，我的工作受到肯定，以此种种。有了米尼之后，对于我而言，每一个“不失败的一天”，都是家人能坦诚看到自己，坦诚生活，紧密联系的一天。

在此之前，我们已经做得非常好了。但米尼成长速度狂飙突进，他要求的人生自主权越来越多，要求的个人区域越来越大，他要面对的自我也越来越强烈而真实。让我们再鼓鼓劲，跟上他成长的脚步吧！

一生一次之爱，一生千百万次之爱的演练。

那些人生和爱情的“幸福结局”

几年前的春节，我们一家人花了大半个月时间在台湾旅行。从高雄、垦丁、花莲、礁溪到台北，一路晃晃悠悠，在山水小城之间逗留。

初五和大家一样在社交网络上迎财神，说“今年应该不再穷了”，于是就有两三个同学比财神还踊跃地回复我。有的说：“都到台湾旅行了，还觉得自己穷，我们月入三千的怎么办？”有的说：“作为公众人物，你这种腔调未免太自负了。”

像我这样疲懒且混不吝的人，压根儿没把自己当什么“公众人物”，遇到这样的话哈哈一笑过去是最好的了局。毕竟面对别人的羡慕嫉妒恨，最好的回答，只能是更努力、更滋润地过自己的日子。但是我还是想再说一次——我理解你。

4 年前的今天，我爸爸刚从重症监护室（ICU）转入普通病房。

整整一个春节，我都是坐在 ICU 门口走廊上一张一天花 15 块钱租来的铁架床上度过的。

那个春节，我们全家订好了去台湾旅游的机票、酒店。出发前两天晚上，爸爸突发急病，陷入重度昏迷，然后就是癫痫、心脏猝停。因为爸爸得的是一种罕见的细菌性疾病，腊月二十九那天，我们全家都要排队抽血，检查是否受到传染。我抱着打着盹儿的米尼，一边担心着重症病房的爸爸，一边腿肚子打着抖想：“只要我孩子没事，让我做什么都可以。只要我孩子没事，让我做什么都可以。”

人害怕起来，腿肚子真会打着抖呀。我到那天才知道。

在 ICU 捱了十几天，爸爸从生死线上挣扎过来。那段时间，ICU 间或会拉出被白布遮盖住的人。在走廊上等候的病友家属远远张望，心里都难免会想：“幸亏不是我家的！”我还记得走廊尽头有一个面对大湖的窗子。窗口波光潋滟，我有时候站在窗前，用力看向熙熙攘攘游湖的人，会觉得恍惚：为什么该我站在这里？凭什么我要承受这样的痛苦？这些折磨什么时候才停止？

某些瞬间，还会有一闪而过的念头，深觉得别人总有一天也注定会尝到这样的不幸！这念头，看似包裹在高高在上的过来人的先验中，包裹在无力者的牢骚中，包裹在对世事的从容与熟稔中。而实际上，这念头却蕴含着深藏在人性中的恶意：愤怒、委屈、呐喊、孤独和诅咒。

后来我发现，人挣扎在自认为不幸的混沌中时，为改变现状，心象中会产生有着微妙不同的两个声音：其一是，我不要再让自己痛苦下去了，我要为自己寻找获得平静的路。其二是，别人得比我痛苦，这样我才能够平静。前者是内趋的，自我努力挣脱精神枷锁，点燃重叙生命的希望。后者则是外化的，自我情绪无从疏解，扩散成与全世界为敌的困兽之斗。“别人的不幸”都是虚幻的，心灵无有餍足的敌人，始终是自己所面对的“我不幸福”。

腊月二十九那天，全家抽完血像逃难似地回到家里。我妈把房子打扫得一尘不染，挂上走马灯，脊椎挺直地站在大厅里，一挥手对大家说：“都来吃饭！过年了大家要好好吃饭！”

我永远记得那个样子的妈妈，勇胜夺城的好妈妈。

那时候我们真的很穷。猴子的出版公司几无盈利，我们所有存款加起来大概十来万。医生跟我说，找到一种对抗爸爸身上超级细菌最好的抗生素，德国的，一天下来要 6000 块。我说："好！太好了！"医生也笑起来，说："谢谢你。"我说："该我说谢谢你。"

同在 ICU 有个病友，她的女儿和我一样缩在走廊等了很多天。医生对她女儿说："她已经脑死亡了，俗称植物人。你们商量下要怎么办。"他们商量完回来说："我们相信奇迹！"医生顿了顿。后来我们知道，他是个很好的医生，正直诚恳，为病人尽力而为。这个医生对他们说："看你们的经济情况。但在我们看来，实在没有什么奇迹。"那家人站成一排，眼睛瞪得大大的，手握着手，说："我们还是相信奇迹！"

轮到我，虽然用那么贵的药，医生并没有让我"看你们的经济情况"。这是个微妙的暗示，暗示着志在必行的把握。我没有问他有没有更便宜的药，用药要用多久，"大不了卖房子！"我当时不痛不痒地想。

生死之间，钱、房子都是小事。我不仅在救爸爸，也是在竭尽全力让自己平静、如实地承担起自己的不幸。

两年前的情人节，爸爸终于搬进普通病房，身上还是留下大病侵袭的许多痕迹：终身失聪，糖尿病，下肢严重萎缩无法下地，因为脑损伤导致短期记忆缺失。

一开始，我们因为重新获得他而欢天喜地。很快，我们发现他全然不记得我们。我妈大声说："太倒霉了！和他在一起一辈子，都被他忘光了！"

那年情人节的前两天，我算了算自己还有多少钱，然后去找了一位认识的珠宝设计师朋友，以爸爸的名义为妈妈订了一枚红宝石戒指。

当天，趁妈妈出去打水，我把戒指塞在失忆的爸爸手里，命令道：“送给那个女人！”

“为什么送给她？”我爸抓着戒指说，“她要和人结婚吗？”

我妈笑嘻嘻地走过来，敲了下他脑袋，一把夺过戒指，喜滋滋地戴在自己手上，说：“结婚？我要和谁结婚！”

写这么多，并不是要炫耀自己“也不幸过”，而是说，这样的忽变和无常全然改变了我的人生。

在痛苦的深渊中，支撑我走出来的，唯有“一定要重新获得平静”“我要更好地对自己负责”“要让爱变成更坦然、更明亮、更及时的爱”这样的念头。只有悲心会回向给广大的悲心，只有爱会带来更多的爱。而所有的苦难，都是为了打破我们的怨嗔、傲慢与自怨，带来觉醒体验。

选择在情人节前说这个故事，要说的并不是我爸爸妈妈从此过上美满幸福的生活。他们依然像每一对老来伴的夫妇一样，爸爸有自己的执拗，妈妈罔顾老伴失聪，不懈地对他唠唠叨叨各种抱怨。也不是说我以前穷得连买一个最小的红宝石戒指都得下破釜沉舟的勇气，但现在我已经有钱带他们环游世界了。

我们的经济状况依旧不好。过年晚上和猴子测算装修款的预算，捉襟见肘、相对愁眉。但是，一个平常家庭的尊严和意义，对每个细密日子的品嚼和感受，并不只在维系日常的柴米油盐上，还有一束花、一个小玩偶，有一首一起念过的童诗，一段犹如誓言一样不得不践行的全家旅行。

不管月入3000或者3000万，不管在家门口小水潭嬉戏或远至南极探险，总有一些东西让我们的生活从乏味的平凡和骇人的无常里挣脱出来，让心性绽露它湛然的力量。

这种无所顾忌、无所阻碍去爱，去感受爱的力量，全然取决于你自己的决定。

初五迎过“财神”，转眼又到了迎“爱神”的日子。我当然希望不再穷，有很多很多好的爱。可在一切祈祷之上，有一个祈祷对我最为重要——

希望自己能面向无常，获得平静坦然的勇气，

希望这种勇气永不消退，

如鱼临网，终向长流。

爸爸病后，即使总被问：带一个容易失忆又失聪的人旅行很麻烦吧？我们还是一起去过很多地方。在巴厘岛海底漫步，在垦丁海边坐机车，爬上高山，下潜入海，看过雪，在森林幽谷里打过麻将……

我们这一家子：经常忘事、完全失聪的我爸，时不时耍小孩脾气的我妈，皮得令人发指的米尼，总要做甩手掌柜的猴子，我们磕磕绊绊走着，还要继续去向世界其他几个部分。不是在有生之年进

行无数次浮于表面的“到此一游”，而是携带着对困难和无常的理解，手拉着手朝心底走去。不是走向日本，以及欧洲、非洲这些地理名词，而是走向执着、傲慢、嫉妒、恐惧、嗔怒……

这样的家，就是我的天赋。经由我爸爸，我也终于相信，每个普通人都有示现奇迹的能力。

祝我们被所有自己的神拥抱着。

我做了个梦，

梦见妈妈去世了。

你在这里死掉，在别的地方出生。

我梦见我正在收拾行李，

出发去找她。

我一个人拖着行李箱在长长的路上走，

既不感到悲伤，也不感到高兴。

我只是在想，我的妈妈是什么样？

她还像以前那样温柔吗？

她这辈子是不是还那么——

懂得爱

——米尼 7岁半

未来，属于终身学习者

我们正在亲历前所未有的变革——互联网改变了信息传递的方式，指数级技术快速发展并颠覆商业世界，人工智能正在侵占越来越多的人类领地。

面对这些变化，我们需要问自己：未来需要什么样的人才？

答案是，成为终身学习者。终身学习意味着永不停歇地追求全面的知识结构、强大的逻辑思考能力和敏锐的感知力。这是一种能够在不断变化中随时重建、更新认知体系的能力。阅读，无疑是帮助我们提高这种能力的最佳途径。

在充满不确定性的时代，答案并不总是简单地出现在书本之中。“读万卷书”不仅要亲自阅读、广泛阅读，也需要我们深入探索好书的内部世界，让知识不再局限于书本之中。

湛庐阅读 App：与最聪明的人共同进化

我们现在推出全新的湛庐阅读App，它将成为您在书本之外，践行终身学习的场所。

- 不用考虑“读什么”。这里汇集了湛庐所有纸质书、电子书、有声书和各种阅读服务。
- 可以学习“怎么读”。我们提供包括课程、精读班和讲书在内的全方位阅读解决方案。
- 谁来领读？您能最先了解到作者、译者、专家等大咖的前沿洞见，他们是高质量思想的源泉。
- 与谁共读？您将加入优秀的读者和终身学习者的行列，他们对阅读和学习具有持久的热情和源源不断的动力。

在湛庐阅读App首页，编辑为您精选了经典书目和优质音视频内容，每天早、中、晚更新，满足您不间断的阅读需求。

【特别专题】【主题书单】【人物特写】等原创专栏，提供专业、深度的解读和选书参考，回应社会议题，是您了解湛庐近千位重要作者思想的独家渠道。

在每本图书的详情页，您将通过深度导读栏目【专家视点】【深度访谈】和【书评】读懂、读透一本好书。

通过这个不设限的学习平台，您在任何时间、任何地点都能获得有价值的思想，并通过阅读实现终身学习。我们邀您共建一个与最聪明的人共同进化的社区，使其成为先进思想交汇的聚集地，这正是我们的使命和价值所在。

内 容 提 要

孩子在3～10岁的关键成长期每天都会提出大量的问题。面对知识型问题，父母可以借助于外力，可面对生活的意义、人生的困惑等问题，大多父母不知道如何回答。

充满智慧的作家妈妈粲然通过和儿子米尼的聊天实录，展现如何聪明又巧妙地用亲子合作对话引导孩子去思考自己和自我、他人及世界的关系，提升对世界的好奇心、对他人的同理心和对人生困惑的思辨力，并且从每一次对话中感受到生活的热气腾腾和美好。

图书在版编目（CIP）数据

智慧妈妈的聊天魔法 / 粲然著. --北京：中国纺织出版社有限公司，2021.6（2023.12重印）

ISBN 978-7-5180-8638-2

Ⅰ. ①智…　Ⅱ. ①粲…　Ⅲ. ①儿童教育—家庭教育　Ⅳ. ①G782

中国版本图书馆CIP数据核字（2021）第105145号

责任编辑：闫　星　　责任校对：高　涵　　责任印制：储志伟

中国纺织出版社有限公司出版发行

地址：北京市朝阳区百子湾东里 A407 号楼　邮政编码：100124

销售电话：010—67004422　传真：010—87155801

http://www.c-textilep. com

中国纺织出版社天猫旗舰店

官方微博 http://weibo.com/2119887771

唐山富达印务有限公司印刷　各地新华书店经销

2021年6月第1版　2023年12月第3次印刷

开本：880×1230　1/32　印张：9

字数：150千字　定价：69.90元